U0597902

青少年篮球
基本技术与战术
训练图解

（视频学习版）

李文杰 孙天石 人邮体育 编著

人民邮电出版社

北京

图书在版编目（CIP）数据

青少年篮球基本技术与战术训练图解：视频学习版 /
李文杰，孙天石，人邮体育编著. -- 北京 ：人民邮电出
版社，2025.9
　　ISBN 978-7-115-62149-8

Ⅰ. ①青… Ⅱ. ①李… ②孙… ③人… Ⅲ. ①青少年
－篮球运动－运动训练－图解 Ⅳ. ①G841.2-64

中国国家版本馆 CIP 数据核字(2023)第 123658 号

免 责 声 明

作者和出版商都已尽可能确保本书技术上的准确性以及合理性，并特别声明，不会承
担由于使用本出版物中的材料而遭受的任何损伤所直接或间接产生的与个人或团体相关的
一切责任、损失或风险。

内 容 提 要

对许多顶级篮球运动员而言，职业生涯的起点，正是对篮球基本技术的专注打磨。本
书致力于为热爱篮球的青少年、篮球教练员和运动员，提供一本科学、系统、高效的基础
训练指南。

本书紧密结合青少年生长发育阶段的生理、心理特点及身体素质发展的敏感期，通过
详尽的篮球基本技术图解，辅以生动有趣、高效且富有创造性的练习方法，系统性地帮助
读者掌握移动、传接球、投篮、运球、个人突破与抢篮板球等核心基础技术。此外，本书
还专门讲解了实用的基础进攻与防守战术，培养球员的战术意识和团队协作能力。通过阅
读与实践书中内容，读者将扎实掌握篮球运动的基本要领，全面提升个人技术水平、战术
理解能力与赛场竞争优势。

◆　编　　著　李文杰　孙天石　人邮体育
　　责任编辑　裴　倩
　　责任印制　彭志环
◆　人民邮电出版社出版发行　　北京市丰台区成寿寺路 11 号
　　邮编　100164　　电子邮件　315@ptpress.com.cn
　　网址　https://www.ptpress.com.cn
　　北京九天鸿程印刷有限责任公司印刷
◆　开本：700×1000　1/16
　　印张：13　　　　　　　　　　　2025 年 9 月第 1 版
　　字数：230 千字　　　　　　　　2025 年 9 月北京第 1 次印刷

定价：59.80 元

读者服务热线：(010)81055296　印装质量热线：(010)81055316
反盗版热线：(010)81055315

目录

c o n t e n t s

第3章 传接球

第 4 章　投篮

第 5 章　运球

第 **1** 章

青少年篮球
训练基础

青少年生长发育期的生理特征

在生长发育期，青少年身体会经历许多生理变化，表现出一些明显特征。以下是一些常见的生理特征。

🏀 生长激素

青少年在生长发育期间，生长激素的分泌量会明显增加，这是促进身体生长和发育的关键之一。在青春期的早期阶段，生长激素的分泌量增加最为显著，然后逐渐减少，直至最终稳定。

🏀 骨骼

在青春期，青少年长骨的生长速度明显加快，骺也会不断地增长，表现为个子长高。直至长骨的生长达到峰值，骺逐渐闭合，生长就此停止。在此过程中，骨骼不仅会变长，还会变宽，以使骨骼更加坚固，有助于承受更大的压力和重量；此外骨密度也会增加，且形态也会发生改变——男生的骨盆、肩膀、手臂、小腿等处的骨骼更加粗壮，女生的髋部变宽。

🏀 肌肉与脂肪

青少年在生长发育期，由于需要支持身体的生长和发育，身体会合成更多的肌肉组织（由于骨骼生长速度较快，肌肉也需要相应增加以支持骨骼的生长和强化）。肌肉组织的增加主要发生在男生身上，这是因为男生在生长发育期间分泌的睾酮等激素能够促进肌肉生长。而且在青春期初期，由于激素分泌的变化，女生和男生的脂肪组织会相应增加，这也是青少年身体重量增加的一个原因。男生通常有更多的肌肉和更少的脂肪，而女生则相反。

🏀 神经系统

青少年的神经系统在生长发育期会发生多项重要变化。神经元不断形成和改变，神经元之间的连接变得更复杂和紧密，提高了身体对刺激的反应速度和信息处理能力。青少年的神经递质受激素影响，对身体生长发育产生影响。大脑结构也会变化，增加了脑白质和脑灰质，提高了神经元之间的通信速度和信息处理能力。需要注意的是，青少年的决策能力和自我控制能力不如成年人强。家长和教育者应该为青少年提供支持和指导，帮助他们健康成长。

🏀 代谢系统

青少年在生长发育期间，代谢系统会经历多项重要变化。基础代谢率会相应增加，这是身体组织快速生长所导致的。蛋白质合成率加快，是因为需要大量合成新的组织。脂肪组织会相应增加，是由于青春期初期激素分泌的变化。碳水化合物消耗会增加，是因为身体需要更多能量支持生长发育和体力活动。总的来说，这些变化是支持身体的生长和发育所必需的。

知识点

篮球作为一项全身性的运动，在青少年生长发育期可以带来很多生理方面的益处。

（1）增强心肺功能：通过快速奔跑和跳跃，篮球运动可以帮助青少年增强心肺功能，提高心肺耐力和肺活量。

（2）发展肌肉和骨骼：篮球运动需要频繁地奔跑、跳跃和投篮，这些动作能够锻炼全身的肌肉和骨骼，有助于增强力量和耐力，预防骨质疏松。

（3）增强协调能力：篮球运动需要身体各部分的协调配合，青少年通过练习篮球运动可以提高自己的协调能力，增强平衡性和空间感知能力。

青少年生长发育期的心理特征

青少年生长发育期的心理特征

青少年在生长发育期，身体还会经历许多心理变化，表现出一些明显特征。以下是一些常见的心理特征。

🏀 自我意识增强

青少年开始更加关注自己的外貌、个性和价值观，并且开始形成自我认同。他们会不断地探索自己的身份和角色，并且希望被他人认可。

🏀 情感波动大

青少年的情感非常容易受到外部环境的影响，他们可能会经历情绪的波动和短暂的情感危机。同时，青少年也很容易对周围的事情产生浓厚的兴趣和热情。

🏀 独立意识增强

青少年希望获得更多的自主权和控制权，并且希望能够自己做出决定。他们希望得到父母和社会的认可和支持，但同时也需要独立探索和尝试。

🏀 思维方式转向抽象

青少年的思维逐渐从具象思维向抽象思维转变，开始能够思考更加复杂的问题和抽象的概念。

🏀 冒险和探索意愿增强

青少年对新奇和未知的事物充满好奇，喜欢尝试新的事物和冒险。他们希望尝试各种新的体验，并且希望尝试不同的角色和身份。

知识点

篮球运动不仅对青少年身体有益，还可以促进他们的心理素质发展。青少年参与篮球运动可以建立自信心和自尊心，并通过训练和比赛感受到自己的进步和成就，从而增强自信和自尊。篮球运动是一项团队运动，参与者需要相互信任、协作和沟通才能完成比赛目标，因此可以培养团队合作精神。同时，篮球比赛需要较强的体力和心理素质，参与者可以通过训练和比赛锻炼自我控制能力和耐力，锻炼自我意志和毅力。在比赛中，青少年也可能会面临挑战和压力，参与者可以通过篮球运动锻炼应对压力的能力和心态调整能力，提高自我调节和自我管理能力。总之，篮球运动对青少年心理素质的发展具有积极的促进作用，有助于他们建立自信心、培养团队合作精神、增强自我控制能力和耐力，并锻炼应对压力的能力。

1

青少年篮球训练基础

青少年身体素质发展的敏感期

青少年身体素质发展的敏感期

身体素质发展敏感期是指在儿童和青少年的生长发育过程中，某些身体素质的发展窗口期，也被称作"天窗期"。这些窗口期在生长发育的不同阶段出现，是身体素质发展十分敏感的时期。在敏感期内得到有效的训练，会对儿童和青少年的身体素质发展产生较为显著的效果。因此，了解和把握身体素质发展敏感期对儿童和青少年身体素质的培养和发展至关重要。

通常情况下，青春期前的身体素质发展敏感期与年龄有关；而青春期开始后，身体素质发展敏感期的划分与青春期男女生理标志的出现时间有关。现在，被广泛认可和使用的是运动员长期发展模型（Long Term Athlete Development，LTAD），该模型确定了14个身体素质发展的敏感期（训练天窗）。详见下表。

身体素质发展敏感期（训练天窗）年龄区间

运动素质	不同敏感期（训练天窗）的出现时间			
	男生		女生	
柔韧性	第一天窗期	第二天窗期	第一天窗期	第二天窗期
	5~8周岁	12~14周岁	4~7周岁	11~13周岁
速度	第一天窗期	第二天窗期	第一天窗期	第二天窗期
	7~9周岁	13~16周岁	5~8周岁	11~14周岁
技术	第一天窗期	第二天窗期	第一天窗期	第二天窗期
	9~12周岁	14~18周岁	7~10周岁	12~16周岁
协调性	天窗期		天窗期	
	12~14 周岁		11~13 周岁	
力量	天窗期 第一阶段	天窗期 第二阶段	天窗期 第三阶段	天窗期 第一阶段 · 天窗期 第二阶段 · 天窗期 第三阶段
	12~15 周岁 / 15~20 周岁 / 20~25 周岁			10~13 周岁 / 13~18 周岁 / 18~21 周岁
	注释：身高突增期后的6~12 个月是第一个敏感期，增长速度最快。后期两个阶段增长速度逐渐放缓			注释：身高突增期或月经初潮后是第一个敏感期，增长速度最快。后期两个阶段增长速度逐渐放缓
耐力	第一天窗期	第二天窗期	第一天窗期	第二天窗期
	12~14周岁	17~22周岁	11~13周岁	17~22周岁
爆发力	第一天窗期	第二天窗期	第一天窗期	第二天窗期
	16~22周岁		15~21周岁	

1

青少年篮球训练基础

基础知识

青少年篮球常见损伤及预防方法

青少年篮球常见损伤及预防方法

　　篮球作为一项广受欢迎的国际性运动，在全球的普及程度非常高。篮球是一项对抗性较强的运动，在球场上发生碰撞的情况比较常见，再加上频繁的奔跑、起跳和转向，很容易导致运动损伤。因此，提高篮球运动的安全性，对球员和篮球爱好者来说都是必要的。

脚踝扭伤

原因及症状

脚踝扭伤是青少年篮球运动中最常见的损伤之一。脚踝扭伤通常是因为踩空、跌倒或着地不稳定。青少年的韧带和肌肉比较柔软，脚踝的支撑能力相对较弱，因此容易受损。脚踝扭伤的症状包括疼痛、肿胀、红肿以及活动受限等。

预防方法

预防方法包括穿合适的鞋子、加强足踝的肌肉力量、做好热身准备、避免突然转向和着地、及时处理已有的脚踝损伤。

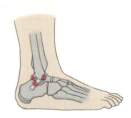

膝盖损伤

原因及症状

膝盖损伤包括髌骨脱位、前交叉韧带损伤、半月板损伤等，常常是由过度使用、突然的方向变化、着地不稳等原因引起的。

前交叉韧带损伤

预防方法

为了预防膝盖损伤，青少年篮球运动员可以加强膝盖周围的肌肉力量，包括大腿肌肉、小腿肌肉和臀部肌肉，以提高膝盖的稳定性和支撑能力。

肩关节损伤

原因及症状

肩关节损伤通常是由重复性运动、肩部扭转或外力碰撞等原因引起的。常见的肩关节损伤包括肩袖撕裂、肩关节脱位和肩部骨折等。

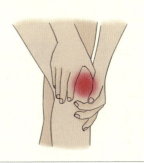

肩关节脱位

预防方法

运动员需要进行适当的肩部肌肉训练，特别是进行肩袖肌肉训练，以增强肩关节的稳定性和支撑力。

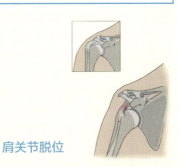

肩袖撕裂

第1章
青少年篮球
训练基础

基础知识

青少年篮球常见损伤及预防方法

手指扭伤

原因及症状

青少年篮球运动中，手指扭伤也是一种常见的损伤。手指扭伤通常是球员在接球或者抢球时手指受到外力冲击或者突然扭转所致。手指扭伤可能会导致手指关节脱位或者韧带损伤等问题。

预防方法

预防方法包括穿戴合适的手套、做好手指关节的热身准备、保持手指关节的柔韧性、避免过度使用手指关节和及时处理已有的手指扭伤等。如果手指关节出现疼痛、肿胀、变形等症状，应及时就医。

第 **2** 章

移动

跑|技术教学

侧身跑

侧身跑 》

POINT
头与上肢偏向
球的方向

1 侧身跑时，脚尖朝向跑动的前进方向，上体自然前
倾和侧转。

技术要点

跑动过程中重心要稳，注意保持身体平衡。

P<small>OINT</small>
观察全场

2 时刻观察球场上的情况。

3 眼睛始终看向球的方向，继续跑动，不要低头。

知识点

侧身跑便于观察场上局势，进一步挖掘快速进攻、摆脱防守或接队友传球的机会。

跑|技术教学

后退跑

POINT
上体放松，腰背挺直

1 用两脚的前脚掌交替蹬地向后跑动。

2 重心稍向后移，两臂屈肘配合摆动。

知识点

后退跑是一种在攻转守或者防守无球对手情况下常用的步法，它能够帮助防守者更好地观察场上的局势，并迅速采取适当的防守措施。

POINT
观察全场

POINT
重心向后移

3 后退跑时保持身体平衡，两眼注意观察场上情况。

技术要点

前脚掌交替蹬地，提膝向后跑动。

第2章
移动

跑|技术教学

变向跑

变向跑 »

POINT
右脚着地

1 从右向左变向跑时，最后一步右脚着地。

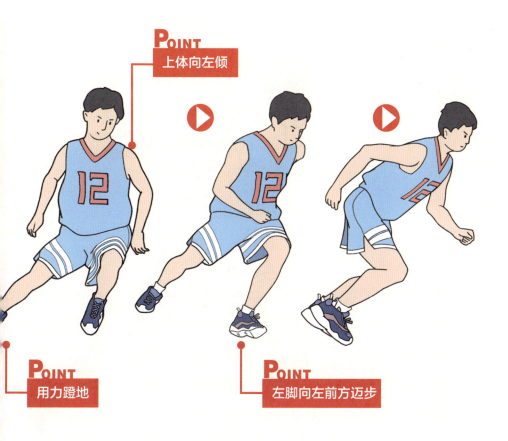

POINT
上体向左倾

POINT
用力蹬地

POINT
左脚向左前方迈步

2 屈膝，随之左转，上体向左前倾。左脚朝左前方迅速迈步，上体继续向左前倾，移动重心，右脚紧跟其后，加速前进。反之亦然。

知识点 💡

变向跑训练可以帮助球员在比赛中更好地应对对手的防守，突破防线或者保护自己不被对方抢断。

17

跑|技术教学

变速跑

POINT
上体前倾

POINT
由快变慢时步幅加大,
减小步频

1 由快跑变慢跑时,
用前脚掌制动,上
体不再前倾,从而
减缓跑速。

 技术要点

由慢跑变快跑,步频加大;由快跑变慢跑,步幅变大。

POINT
由慢变快，步频加大

2 由慢跑变快跑时，上体前倾，用前脚掌短促有力地向后蹬地，同时迅速摆臂。

知识点

变速跑训练可以帮助球员在比赛中通过改变速度来找到更好的进攻机会，控制比赛的节奏、冲击篮筐或者回防。

跑|练习方法

前进跑、后退跑/钻地道

📢: **练习目的**

提高球员前进跑、后退跑的技能。

👤 :	双数
🕐 :	15分钟
💼 :	篮球场

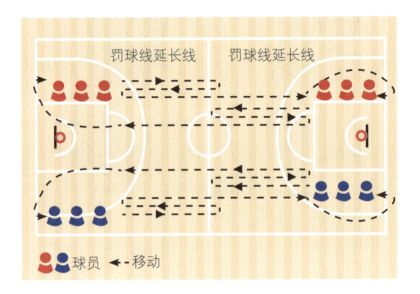

罚球线延长线　　罚球线延长线

👫球员　←—移动

训练步骤

① 将所有球员分为人数相同的两组，每组再平均分成甲、乙两队，甲、乙两队都面对各自半场的罚球线延长线成纵队站立。

② 接到教练的信号后，每组甲队的第一名球员要以前进跑的方式跑到中线，踩到中线后转而以后退跑的方式回到起点，再以前进跑的方式跑向对面乙队罚球线延长线，与乙队第一名球员击掌后跑向乙队的队尾。

③ 乙队第一名球员以相同方式跑动，依次类推，直至所有球员完成练习。

👉 训练规则

1.遇到线需要折回时脚必须要踩到线。
2.先进行完的组获胜。

钻地道 »

📣 练习目的

提高曲线变向跑技术，发展身体的反应速度和灵敏度。

👤	：双数
🕐	：15分钟
💼	：2 个篮球、篮球场

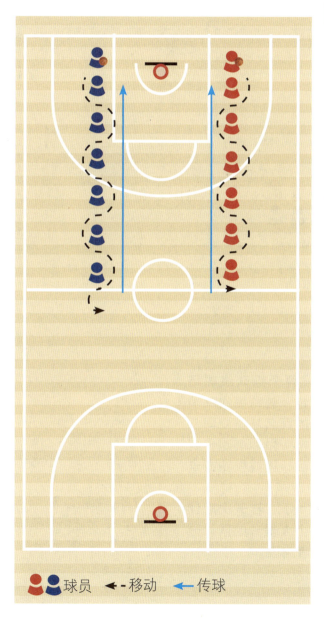

🔴🔵球员 ◀– 移动 ← 传球

📑 训练步骤

① 将所有球员分为人数相同的两组，两组相距一定距离成纵队站立，且各组球员双臂侧平举以确定好间距，然后放下手臂。

② 接到教练的信号后，每组队尾的球员拿着球，通过快速的变向跑穿过队伍中的空当，到达队伍的最前方。在到达队伍最前方后，将球传给现在位于队尾的球员，然后两臂侧平举，确定好间距。

③ 现在位于队尾的球员以相同方式跑动，依次类推，直至所有球员完成练习。

👉 训练规则

1.手拉手时两臂必须侧平举，以控制好间距。

2.必须依次穿过每一个空当。

2 移动

21

跑|练习方法

冲刺跑/冲出封锁

冲刺跑 》》

📢 **练习目的**

提高球员突然起动、快速跑动的能力。

👤 ：双数	
⏱ ：15分钟	
💼 ：篮球场	

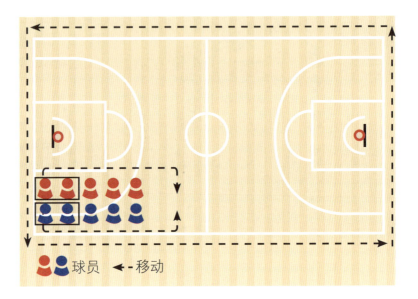

👥球员　◀-移动

训练步骤

① 球员分成两个纵队绕球场慢跑或向前走，教练每次鸣哨后，在队尾的两名球员立即从纵队外侧向排头做冲刺跑，到达排头位置后，换成慢跑或走步前进。

②先到者得1分。若干次后计算每个纵队个人得分的累计分数，积分多者为胜。

👉 训练规则

1.纵队每人间隔一臂距离，故意缩短距离者不得分。

2.每次都以教师鸣哨为启动信号，抢跑者不得分。

冲出封锁 》》

📢 练习目的

发展球员变速、变向、急停、转身等技术的综合运用能力。

👤:	双数
🕐:	15分钟
💼:	篮球场

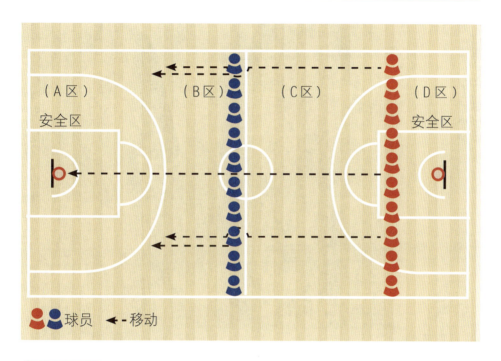

🔴🔵 球员 ←-- 移动

训练步骤

① 将球场划分为四个区域：A、B、C、D，以球场两端线、两罚球线的延长线和中线为基准。在平均分配球员到两支队伍后，蓝方被指定为防守方，站在中线旁，球员之间相隔两臂左右的距离。红方成为进攻方，站在后场罚球线的延长线后方。一旦接到教练的信号，红方球员迅速行动，利用各种技术，如变速、变向、急停和转身等，以突破中线上蓝方球员的"封锁"，进入本方前场的"安全区"。蓝方球员则运用各种防守移动步法，试图阻挡对方的前进路径。

② 在规定的时间内，计算红方球员成功进入"安全区"的人数。然后双方交换攻守角色，规定时间内以成功进入"安全区"的人数较多的一方为胜者。

急停|技术教学

跨步急停

POINT
双手掌心朝前，准备接球

跨步脚

1 呈非持球时准备姿势，观察来球时机，双手抬起，准备接球。

POINT
跨出时注意控制身体重心。跨步脚单脚着地，支撑身体。

2 一只脚向前跨出，后脚跟随，同时双手接球。

跨步急停时，还需要注意保持身体的低位，使重心稳定，从而有助于控制停下的动作。

 3 双脚平稳落地，膝关节屈曲，保持身体稳定。

技术要点

球员在完成跨步后迅速用另一只脚停下来，并将身体的重心转移到停下的脚上。急停的关键是迅速停下并保持平衡。

急停|技术教学

跳步急停

POINT
起跳脚准备
蹬地起跳

1 呈非持球时准备姿势，双手的掌心朝下，置于身体前方。

2 观察来球时机，将身体重心前移，同时双手向上抬起，准备接球。

知识点

球员在急停后可根据比赛情况迅速做出进一步的动作，例如传球、变向等。

3 起跳，后脚迅速跟上，
同时双手接球。

技术要点

在使用跳步急停时，球员轻
轻跳跃，在空中接住传球，
落地时要屈膝降低重心。

4 可以用双脚平行姿势落地，
也可以用双脚前后分开的姿
势落地。

**第2章
移动**

急停|练习方法

急停接力\抢五线

急停接力 》

 练习目的

使球员熟练掌握基本的急停技术。

：双数	
⏱：15分钟	
：篮球场	

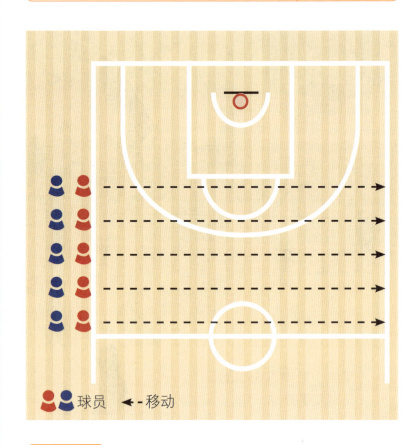

🔴🔵球员 ◀--移动

训练步骤

① 所有球员分两排站在场地的一端，当接到教练信号时，第一排开始向前慢跑，每跑5步做一次跨步或跳步急停，如此重复跑到场地另一端。

② 当第一排的球员完成一次急停后，第二排球员开始向前以相同的方式练习。各排到达另一端后马上快跑返回，返回途中听教练信号做跨步或跳步急停。

抢五线 »

📢 练习目的

训练球员的快速反应能力、跑动能力，使球员熟练掌握基本的急停技术。

：双数或单数均可

：15分钟

：篮球场

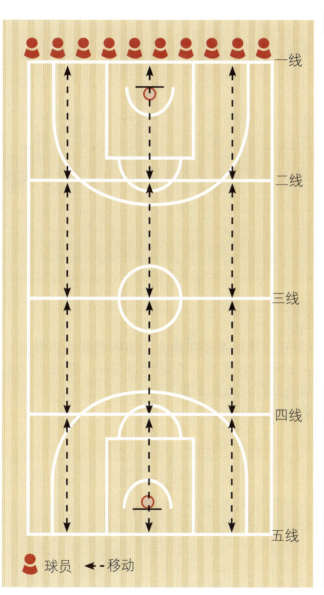

👤 球员 ←- 移动

训练步骤

① 在场上标记出五条标记线，所有球员在一线处横排站立。
② 当听到教练喊出某线时，所有球员立即跑向代号线位置，以跳步或跨步急停的方式双脚触线，最先到达的球员得1分。

👉 训练规则

1.采用计分制，最先到达次数最多的球员获胜（1次计1分）。
2.未按要求触线、触错线或抢跑者扣1分。

急停 | 练习方法

急起急停/抛接球急停

急起急停 ≫

 练习目的

训练球员的快速反应能力、跑动能力，使球员熟练掌握基本的急停技术。

 ：不限

 ：15分钟

：篮球场

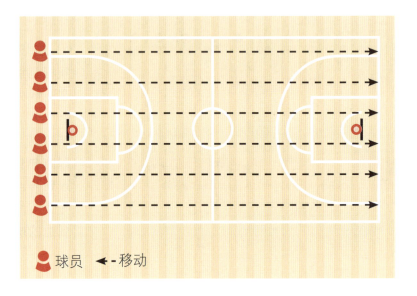

球员 ◄- 移动

训练步骤

① 所有球员在端线后呈横排站立，当听到教练信号后，球员立即向对面端线跑动。在跑动过程中，教练再次发出信号，球员急停，如此重复进行。

②最先到达端线的球员获胜。

训练规则

在听到教练信号后没有停止跑动，则判为犯规。

POINT
将球抛向前上方

1 双手持球,将球向身体前上方抛出。

2 在球落地前将球接住。

技术要点
可变化抛球的高度和距离。

POINT
接球后做急停动作

3 急停后,可以继续向左、右、前、后抛球,继续接球急停。注意,急停后不要带球走步。

转身|技术教学

90度前后转

90度前后转 ≫

POINT
以左脚为轴，身
体向左侧转动

POINT
右脚脚尖点地

1 双脚分开，膝盖微屈，双
手持球置于身体右侧。

2 以左脚为轴，身体
向左侧转动，同时
重心前移，右脚脚
尖点地。

技术要点

此动作在接过传球后转身投篮时经常使用。要注意中
枢脚不要离开地面，转动的过程中头部的高度尽量不
要发生变化。

POINT

以右脚为轴，身体向右侧转动

3 转体后，左脚保持不动，右脚向前迈一步，使双脚平行，双手持球。

4 恢复基本姿势，双手持球置于身体右侧。

5 接着以右脚为轴，身体向右侧转动，同时重心前移。

6 转体后，右脚保持不动，左脚向前迈一步，使双脚平行，双手持球。

转身|技术教学

180度后转身

180度后转身 »

1 双脚分开大致与肩同宽，膝盖微屈，双手持球置于身体右侧。

2 以左脚为轴，身体向左侧转动，同时重心前移，右脚脚尖点地。

知识点 💡

与90度前转和后转相比，180度旋转的角度更大，对转体的精度要求更高，是为了防止防守球员触摸到球的一种护球技术。

5 恢复基本姿势。

POINT
篮球随着身
体向后移动

3 身体继续向左后方转体。

4 右脚落地后，双脚
平行，双手持球，
置于身体左侧。

6 以右脚为轴，左
脚向后迈步，带
动身体转动。

7 左脚尖先着地。

8 左脚落地后，双
手持球，置于身
体左侧。

转身|练习方法

正方形接力\转身传递球

练习目的

训练球员快速起动、急停、转身、跑动等技术的综合运用能力。

：双数

：15分钟

：篮球场或空地

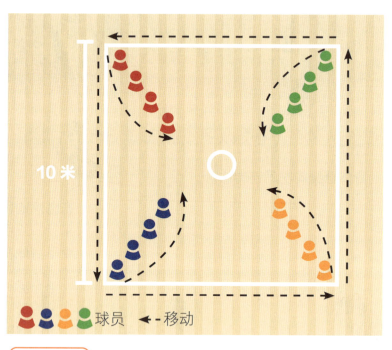

10米

球员 ◀—移动

训练步骤

① 在球场或空地上标记出一个边长为10米的正方形。所有球员平均分成四队，成纵队站立于正方形的四个顶角内。

② 当听到教练信号后，四队从位于顶角的球员开始依次迅速启动按逆时针方向沿正方形的四条边线快跑，并在到每一个顶角时急停、转身，再快跑，返回起点与下一球员击掌后，返回本队队尾。依次类推，直至所有球员完成练习，先完成的队为胜者。

训练规则

1. 跑动中要沿着正方形边线跑。
2. 每到一个顶角都要急停、转身。
3. 下一人必须在与上一人击掌后才能启动。

转身传递球 »

📢 练习目的

使球员能够灵活运用转身技术。

 ：双数

 ：15分钟

 ：2个篮球、2个篮球半场

2

移
动

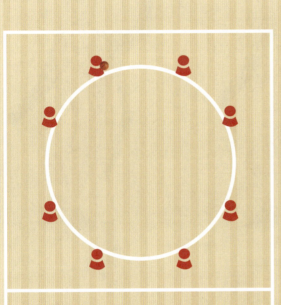

🔴 球员

训练步骤

① 在两个半场上分别画两个相同的圆形，直径根据两组人数来定。将所有球员分成人数相同的两组，间距相等地沿着圆圈站立，其中一名球员持球。

② 接到教练的信号后，持球球员连续做两次转身，转身角度和方向不限，但连续转身两次后需要把球传给紧邻的下一名球员。

③ 下一名球员接球，以相同的方式传递球。依次类推，直至所有球员完成练习，先完成的组为胜者。

👉 训练规则

1. 转身时中枢脚不能移动。

2. 身体起伏幅度不能过大。

3. 球不能脱手落地，否则需要拾球重新转身两次传球。

步法|技术教学

前滑步

前滑步 »

POINT
全程不要低头，
目视前方

1 右脚在前，左脚在后，右手屈肘上抬，掌心朝前，左手掌心朝下。

2 右脚提起，重心前移，上身保持不动，目视前方。

知识点

前滑步，是为了缩短与对方球员距离而使用的一种步法。滑步时双脚不交叉，只是向前运动。

POINT

移动过程中保持
身体的低位

3 左脚蹬地向前跟一步，换左手
向上抬起，右手落下。

技术要点

此动作完成过程中双腿不能
完全并拢，左脚向前跟进时，
两脚的距离约与肩同宽。

4 右脚继续向前迈步，恢复
初始姿势，右手抬起，左
手落下。

步法|技术教学

侧滑步

POINT
全程不要低头，
目视前方

1 两脚之间的距离略宽于肩，膝盖微屈，双臂张开，掌心朝前。

2 右脚向右侧迈出一步，同时重心右移，双手保持不动。

技术要点

保持身体的低位，重心稳定，这样可以更快、更灵活地做出侧滑步。脚部的滑动要保持平滑流畅，不要跺脚或踩到脚。注意练习双侧滑动，以增加双脚的灵活性。在侧滑步的过程中，还要保持眼睛注视着对手或目标，以便更好地调整动作。

POINT
移动过程中，身体不要上下起伏

3 左脚向右侧跟一步，两腿不要并拢，两腿之间大致与肩宽等距。

知识点 侧滑步能够帮助球员在比赛中更好地调整位置、防守对手以及切入攻击。

步法|技术教学

后撤步

POINT
全程膝盖
微屈

1 右脚在前，左脚在后，左手上抬，右手置于身体右侧膝盖附近。

2 右脚向后撤一步，重心后移，同时换右手向上抬起，左手落下。

知识点

后撤步时双脚不交叉，其是依靠蹬力向后撤的一种步法，常用于在对方球员要突破防守时。

POINT
左脚后撤步

3 左脚蹬地跟着向后撤一步，换左手向上抬起，右手落下。

4 右脚继续向后撤步，右手抬起，左手落下。

技术要点

后撤步与前滑步的技术要点相似。保持身体的低位，重心稳定，脚部的滑动要保持平滑流畅，不要跺脚或踩到脚。

步法|技术教学

交叉步

交叉步 »

POINT
身体向右
侧转

1 双脚分开，距离宽于肩，双手掌心朝前，在身体两侧张开。

2 身体向右侧转，同时重心右移，呈右弓步姿势。

技术要点

移动方向应随对方的运动变化而变化，同时球员需要注意重心的转换，集中注意力观察，学会预判进而展开防守。

POINT
左脚向右
前方跨步

4 右脚向右侧跟进一
步，恢复初始姿势。

3 左脚向右前方跨步，使双脚横向交
叉，注意双手保持不动。

知识点 交叉步与滑步都是在防守时常使用的步法，一般在对
方球员快速运球、远距离移动等情况下使用。

步法 | 练习方法

限制区防守滑步/三分球线滑动

限制区防守滑步 ≫

POINT 目视前方

POINT 右脚向右迈步

POINT 左脚向右跟一步

1 双脚分开，距离宽于肩，膝盖微屈，重心下移。双手在身体两侧张开，掌心朝前，站在限制区边线右侧位置，右脚向右侧迈出一步。

2 左脚向右侧跟一步，继续重复动作移动到限制区另一边线左侧后，按原路线用滑步返回。

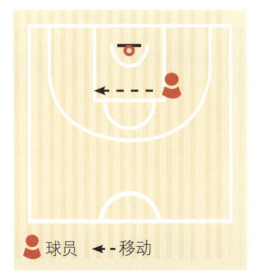

🔴 球员 ← - 移动

技术要点

限制区防守滑步是指球员在限制区内，从其边线的一侧用滑步移动到另一侧，练习在防守时侧向移动的步法。

三分球线滑动 »

POINT
右脚向右迈步

POINT
左脚向右跟一步

1 双脚分开，距离略宽于肩，膝盖微屈，重心下移。双手在身体两侧张开，站在三分线左侧位置，接着右脚向右侧迈出一步。

2 左脚向右侧跟一步，继续重复动作移动到三分线右侧后，按原路线用滑步返回。

🔴 球员 ◄- 移动

知识点

三分球线滑动是有助于球员熟练掌握滑步的练习，在比赛中，可用于防止进攻球员接近篮筐。一步的距离控制在30厘米左右，速度不要过快，动作要连贯。

步法|练习方法

圆圈滑步

1 球员A与球员B双脚分开，重心下移，双手张开，掌心朝前，在中圈两边的线上面对站立。

3 两名球员右脚向前跟一步，继续沿着中圈移动。

2 球员A与球员B的左脚沿着中圈同时向左侧迈步。

4 两名球员沿着中圈重复练习滑步。

步法|练习方法

综合步法练习/前滑步抢球

综合步法练习 »

左脚在前，右脚在后，膝盖微屈，上身前倾，重心下移，双手置于身体两侧，从限制区线后方的位置开始沿限制区向前跑动。到限制区前方位置时，双手向上举起，接着呈滑步向左侧移动，到达限制区左侧时后退跑至限制区后方，继续呈滑步向右侧移动至初始位置。

🏀 技术要点

注意沿着限制区移动，保持速度均匀。

🧍 球员　◀- 移动

前滑步抢球 »

 练习目的

训练球员的前滑步技术、快速反应能力、转身技术和冲刺跑速度。

	双数
	15分钟
	1个篮球、篮球场

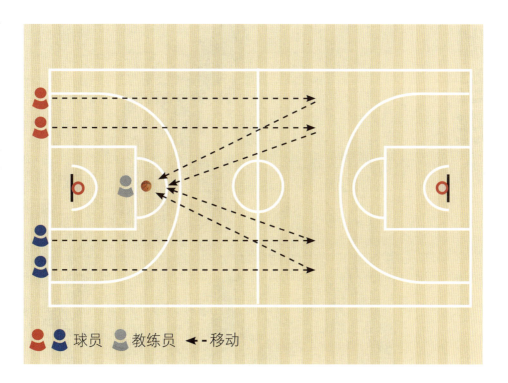

🔴🔵 球员 🔘 教练员 ←- 移动

训练步骤

① 球员两人一组站在端线外、教练员的左右两侧，教练持球。

② 当听到开始信号后，两队球员用前滑步向前方移动，当球员过半场后，教练将手中的球用力向地面砸去。当正在前滑步的两名球员听到球落地声音时，迅速回去冲刺去抢球，成功抢到球的一方获胜。

☞ **训练规则**

1.两队球员应向前快速滑步，不能有意放慢速度。

2.抢球时不能推、拉对手。

2

移动

第2章
移动

跳|技术教学

单脚起跳

单脚起跳 》

POINT
双膝微屈

POINT
重心位于左
脚前脚掌

1 左脚在前，右脚在后，双臂贴紧身体向后伸。

知识点

单脚起跳可用于突破上篮、盖帽或争抢进攻
篮板球。

POINT
在起跳瞬间，非起跳腿要有意识地抬起

在空中时，要保持身体稳定。

2 左腿伸直向上跳起，右腿抬起，双臂上举，在跳到最高点时做投篮动作。

第2章
移动

跳|技术教学

双脚起跳

POINT
背部挺直

POINT
双腿屈膝

1 双脚自然分开，膝盖弯曲，重心下移。抬头，背部挺直。双臂屈肘贴近身体，重心放在脚掌上。

知识点

相对于单脚起跳，双脚起跳更加稳定和安全，适用范围也更广泛，例如原地投篮、抢篮板球都会使用这个技术。

双脚起跳 》

POINT
手指用力投
出篮球

POINT
双脚同时起跳

2 双脚发力向上跳起，同时伸展脚踝、膝盖和髋部。

技术要点

起跳时保持身体的低位和稳定，有利于起跳和控制动作。起跳时双脚的脚掌要用力推开地面，以产生足够的垂直上升力。另外，协调地使用双臂也可以增强起跳力量。

3 双臂向上伸直，在跳到最高点时做投篮动作。

跳 | 练习方法

双脚跳绳接力/四向跳

 练习目的

提高球员的跳跃能力和动作协调性。

：双数

⏱：15分钟

💼：2条跳绳、篮球场

👤👤球员 ◀--移动

训练步骤

① 将所有球员分为人数相同的两组，两组成纵队站立在端线后，各组第一名球员手持跳绳。

② 接到教练的信号后，各组第一名球员以双脚跳绳的方式跳到中线后跳回起点，将跳绳交给下一名球员。

③ 下一名球员以相同的方式跳绳，依次类推，直至所有球员完成练习，先完成的组为胜者。

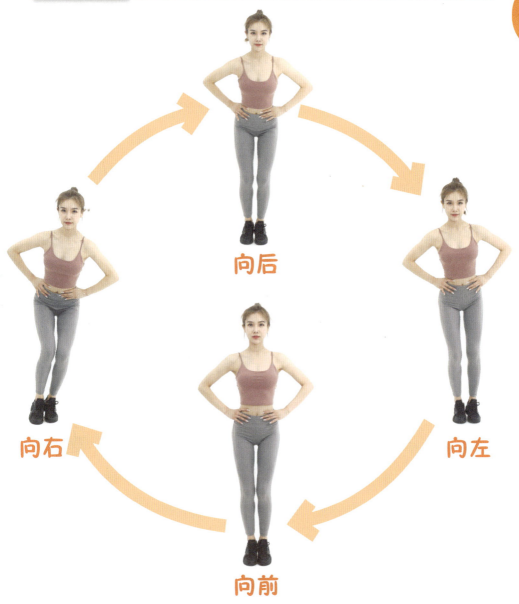

向后

向右

向左

向前

技术要点

运动员呈站姿，双腿伸直并拢，背部挺直，腹部收紧，双手叉腰。双膝微屈，分别向前、右、后、左四个方向跳一步。重复以上步骤至规定次数。

运动过程中，保持核心收紧，背部挺直，全程均匀呼吸。

跳|练习方法

跳摸篮板

跳摸篮板 »

POINT
手摸篮板，身体
自然舒展

POINT
目视篮筐

POINT
双脚用力蹬地起跳

球员向篮板方向助跑，在助跑的最后一步双脚落地，并快速有力地向上跳跃，手臂迅速上摆，与下肢动作协调配合，注意落地后要屈膝缓冲。

技术要点

起跳后，身体在空中保持稳定，以便落地后完成后续动作。

第**3**章

传接球

接球|技术教学

单手和双手接球

单手和双手接球 》

POINT
目视来球方向

POINT
五指张开，掌心正对来球

POINT
右脚向来球方向迈出

以右手接球为例，右脚向来球方向迈出，手臂向来球方向伸出，手指自然张开，手腕、手指放松。当手指触球时，手臂随球后引以缓冲来球的力量，左手立即扶球，然后双手持球于胸腹之间或体侧。

POINT
目视来球方向

POINT
五指自然分开，手
呈半球形

POINT
脚步根据来球
进行调整

双手接球时，两眼注视来球方向，用脚步调整接球位置，并向来球的方向迎上去，两臂向来球方向伸出，五指自然分开。当手指刚接触到球时，两臂随球后引，缓冲来球的力量，然后两臂顺势回收，握球于胸前，保持基本站立姿势。

接球|练习方法

原地接不同位置来球

低位双手

低位单手

两人一组，一人传球，一人接球。练习原地接不同位置的来球。

中位双手

高位双手

中位单手

高位单手

接球|练习方法

全场传接球

迎面跑动接传球/双人

迎面跑动接传球 》

📢 **练习目的**

提高球员原地传接球的能力。

：不限

：15分钟

：1个篮球、篮球场或空地

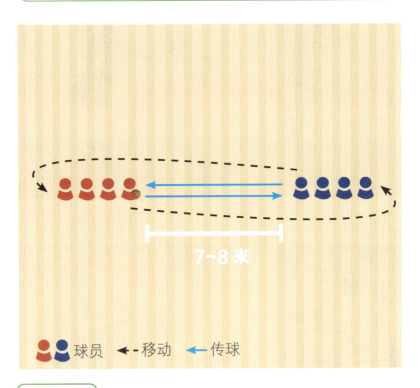

7~8米

🔺🔵球员 ←-移动 ← 传球

（ **训练步骤** ）

① 球员分成两队，成纵队相对站立，相距7~8米，其中一队的第一名球员持球。

② 练习开始后，第一名球员传球给对面球员并停留在其队伍，对面球员接球后回传，并将球交给先传球队伍的第二名球员，完成后，传球的两位队员分别从队伍一旁跑向队尾。依次类推，直至所有球员都完成一次。

👉 **训练规则**

1.传球要连贯，不得有停顿。

2.教练可根据情况规定任意传球动作。

双人全场传接球 »

🔊 练习目的

提高球员行进中传接球的能力。

👤 :	双数
🕐 :	15分钟
💼 :	若干篮球、篮球场

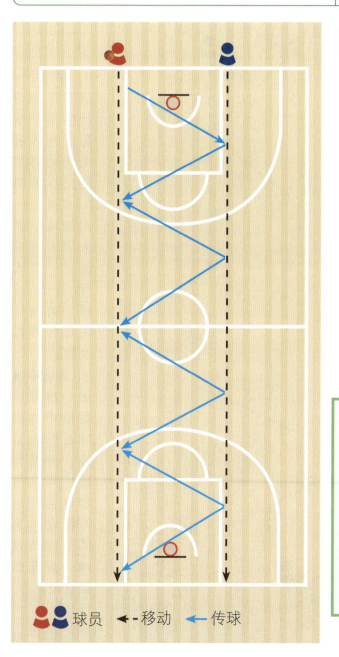

球员 ◄-- 移动 ◄— 传球

(训练步骤)

① 两人一组在全场进行传球练习。两人间隔3~5米站在端线上，其中一人持球。

② 传球开始，二人平行前进，在合适节点互相进行传接球，到达另一侧端线后结束。

👉 训练规则

两名球员之间传接球次数可以根据情况而定，一般定为8次、5次、3次。在规定的时间内反复进行练习。

3

传接球

接球|练习方法

全场8字传接球

半场双人传接球/三人

半场双人传接球 》

练习目的

使球员体会在增加传球距离的情况下传接球的节奏变化。

: 双数

: 15分钟

: 若干篮球、篮球场

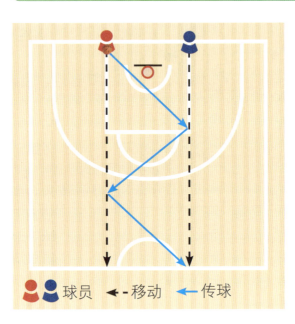

球员 ← - 移动 ← 传球

球员 ← - 移动 ← 传球 ← 运球

训练步骤

① 两人一组在半场进行传接球练习。两人在底线处并列站立，间隔3~5米，一人持球。两人同时向前移动，其间互相传接球，可自行决定传接球次数。

② 到达中线后，持球球员沿中线运球至同侧边线，开始传球。两人分别在两侧边线移动，其间互相传接球，直至返回底角。

练习目的

锻炼球员传球后的绕切能力，让传球技术更加娴熟。

: 3人

: 15分钟

: 1个篮球、篮球场

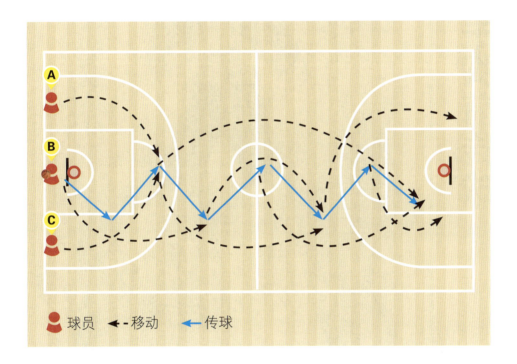

球员　◄- - 移动　◄— 传球

训练步骤

① 3人在全场进行8字形传接球练习。

② B传球给插中的C后，快速从C的背后绕过向前加速跑。

③ C接球后传给插中的A，并从A的背后绕过向前加速跑。如此反复进行，直到三人完成练习。

☞ 训练规则

1.传球后绕切要控制好重心，使传球连贯。

2.熟练后可用单手低手传球。

双手传球|技术教学

双手胸前传球

双手胸前传球 >>

POINT
手肘内收

1 两臂屈肘微内收，五指张开持球，球与胸约一小臂距离。

  知识点

双手胸前传球不仅依靠手臂力量，还需要通过屈膝跨步、蹬地等全身配合的方式发力，以调整力度及传球距离。

POINT

手腕由内向外翻转，拇指朝下

其他角度

传球时需要伸臂、屈膝跨步、蹬地等配合。

2 一只脚向前迈出，随即重心向前移动，双手向前直线推出球。

双手传球|技术教学

双手头上传球

POINT

两臂屈肘微内收

1 双手将球抬至前额上方，双手持球。

技术要点

当球员面对紧密防守时，使用双手头上传球可以保护球，减少对手的抢断机会。在需要进行长距离传球时，使用双手头上传球可以提供更大的传球力量和稳定性，确保传球的准确性和距离。

POINT
手腕屈曲发力

POINT
向前跨步

2 向传球方向跨出一步，双手迅速前伸发力，将球投出。

其他角度

篮球上举时不要过于后移，篮球运动路线不宜过高，否则会影响球传出后的速度，容易被断球。

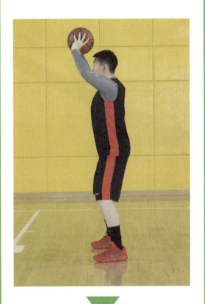

71

双手传球|技术教学

双手击地传球

双手击地传球 》

POINT
将球置于腹部中间

POINT
膝盖微屈

1 双手持球置于腹部中间，两臂屈肘微内收。

知识点 💡

有时候，由于防守球员的位置或身体姿势，传球路线可能被封锁或限制。使用双手击地传球可以改变传球的角度，找到更好的传球路线。当队友处于困难的接球位置或姿势时，球员使用双手击地传球可以将球传递到队友更易接触的位置，提高接球的成功率。

POINT

手腕朝外翻转，指尖朝下

击地传球指的是将球推出击地后，反弹到队友手中的传球方式。

2 一只脚向前迈出，两臂及手腕翻转，带动指尖向下施力，将球向前方地面推出。

**第3章
传接球**

单手传球|技术教学

单手肩上传球

单手肩上传球 》

POINT

后倾重心落
于右脚

1 球员侧身站立，双脚自然分开，膝盖微屈，重心后
移至右脚。双手持球，将篮球置于右肩。

知识点

单手肩上传球是单手传球中的一种基础传
球方法，常用于中远距离传球。

POINT
手臂伸直，手腕向前拨球

其他角度

出球时，中指要指向传球方向，拨球后掌心朝下。

POINT
重心前移，落于左脚

2 右手高举球，身体及双脚转向传球方向，单手将球抛出。

 技术要点

转身时后侧脚蹬地，右手快速前摆，球出手时屈手腕向前拨球，篮球依次离开食指、中指。球传出后，右脚随着重心前移至左腿而向前迈半步。

单手传球|技术教学

单手低手传球

单手低手传球 ≫

POINT
右手掌心向上

POINT
左手掌心向右

1 双手持球，右手掌心朝上托球，左手掌心朝右握球，两脚距离略比肩宽，微屈膝，呈准备姿势。

知识点 单手低手传球是通过模仿打保龄球时的手姿来进行传球的一种方法，适用于短距离传球。

POINT

右手向上翻
手腕，五指
用力拨球

其他角度

调整向前跨步的幅度可调整传球力度。

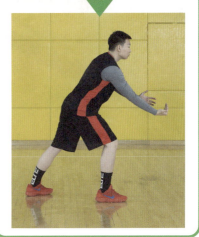

POINT

上前一步呈
右弓步

技术要点

单手低手传球姿势的重点在于两手配合，右手向上翻腕配合五指用力向上拨球。

2 右脚上前一步呈右弓步，右手向上翻腕，五指用力拨球进行传球，左手始终保持护球姿势。

第3章
传接球

单手传球|技术教学

单手胸前传球

单手胸前传球 》

POINT
双脚分开，
与肩同宽

1 右手持球，左手辅助扶球，置于身体右侧，双腿微屈。

知识点 单手胸前传球常用于近距离传球和被严密防守时，且特别适合与假动作（例如，传球前上下移动球误导防守球员）配合。

POINT

迅速屈腕，手指拨球

技术要点

出球时辅助手离球，传球手抬至与肩大致同高后屈腕，手指拨球传出。

2 右脚向前跨一步的同时，单手拨球将球从胸前传出。

POINT

向传球方向迈步

79

单手传球|技术教学

单手背后传球

单手背后传球 >>

POINT
球置于身体右侧

 右手持球，左手辅助扶球，置于身体右侧，双腿微屈。

知识点

在篮球比赛中，当对方球员堵截时，持球球员在对方不注意的情况下，从背后传球给队友，很容易就能突破对方防守。

POINT
迅速屈腕，
手指拨球

其他角度

动作要迅速连贯，而且动作
幅度要小。

3

传接球

2 向右微微转身，右手围绕腰部向后移动，至腰部后侧时迅速屈腕、手指拨球，将球传出。

单手传球|技术教学

单手体侧传球

单手体侧传球 »

POINT
右手手臂自然弯曲，掌心朝下持球

POINT
左手呈自然托球动作

POINT
双腿屈膝，左脚在前，右脚在后

1 双脚前后开立，膝盖微微弯曲，重心下移，上身前倾，视线看向传球方向。头部带动上身向球侧微转。双手持球，置于身体右侧裤子口袋之上的位置。

POINT

右手手臂由弯曲变直，向后传球

知识点

单手体侧传球是球员在自己裤子口袋上方的位置双手持球，并让传球路线经过自己裤子口袋附近位置，球击地后被传至队友的方法，也称作"口袋传球"。

3

传接球

技术要点

传球前，球员应观察确认队友位置并暗示队友，从身侧传球时，注意发力的方向与力度，找准落点，以使球击地反弹后正好被传至队友。注意不要为了找裤子口袋位置影响了球的走向。

2 右手手臂伸直向后转动，屈腕发力，手指朝后方地面拨球，将球从裤子口袋位置传出，使球击地反弹。

第3章
传接球

单手传球|技术教学

单手勾手传球

单手勾手传球 》

POINT
传球手置于篮球左侧，非传球手在右侧辅助

POINT
重心落于双脚之间，保持身体稳定

1 侧对接球队友站立，双脚分开，略比肩宽，双手持球置于左肩前。

其他角度

注意球不要向头后过度移动，以免影响传球速度。

POINT
伸展手臂，传球手掌心向下

2 左手持球上移，身体向右侧倾，单手发力，于头上勾手将球传出。

85

传接球 | 练习方法

双人头顶传球\双人击地传球

双人头顶传球 »

POINT
朝着队友的方向，用力抛出篮球

训练步骤

两名球员相距3~5米相向站立组成一组，用一个篮球进行训练。一名球员用双手头顶传球的方式传球，另一名球员接球后用相同的方式将球传出。传球成功一次得1分，没有接到球则扣1分。规定时间内得分最高的组为胜者。

训练变式

教练可通过改变传球距离或增加防守球员来增加训练难度。

将两者间距
的约 2/3 处
作为落点

球落地反弹至
队友手中

训练步骤

两名球员相距3~5米相向站立组成一
组，用一个篮球进行训练。一名球员用
双手击地传球的方式传球，另一名球员
接球后用相同的方式将球传出。传球成
功一次得1分，没有接到球则扣1分。规
定时间内得分最高的组为胜者。

训练变式

教练可通过改变
传球距离或增加
防守球员来增加
训练难度。

传接球 | 练习方法

传球

双人背后传球 / 双人保龄球

双人背后传球 »

POINT 随着身体转动，重心从后脚移至前脚

训练步骤

两名球员相距3~5米相向站立组成一组，用一个篮球进行训练。一名球员用背后传球的方式传球，另一名球员接球后用相同的方式将球传出。传球成功一次得1分，没有接到球则扣1分。规定时间内得分最高的组为胜者。

训练变式

教练可通过改变传球距离、指定非惯用手或增加防守球员来增加训练难度。

POINT
传球前，上身前倾

POINT
掌心朝上，屈腕抛球

POINT
后脚向前跨步

训练步骤

两名球员相距3~5米相向站立组成一组，用一个篮球进行训练。一名球员用保龄球传球（即单手低手传球）的方式传球，另一名球员接球后用相同的方式将球传出。传球成功一次得1分，没有接到球则扣1分。规定时间内得分最高的组为胜者。

训练变式

教练可通过改变传球距离、指定非惯用手或增加防守球员来增加训练难度。

传接球 | 练习方法

传球

双人口袋传球\双人勾手

POINT
尽量使球弹向接球球员正前方

落球点

训练步骤

两名球员相距3~5米相向站立组成一组，用一个篮球进行训练。一名球员用口袋传球（即单手体侧传球）的方式传球，另一名球员接球后用相同的方式将球传出。传球成功一次得1分，没有接到球则扣1分。规定时间内得分最高的组为胜者。

训练变式

教练可通过改变传球距离、指定非惯用手或增加防守球员来增加训练难度。

双人勾手传球 »

POINT
手指拨球，
将球旋转
着传出

（训练步骤）

两名球员相距
3~5米相向站立
组成一组，用一
个篮球进行训
练。一名球员用
单手勾手传球的
方式传球，另一
名球员接球后用
相同的方式将球
传出。传球成功
一次得1分，没
有接到球则扣1
分。规定时间内
得分最高的组为
胜者。

3

传接球

训练变式

教练可通过改变传球距离、指定非惯用手或增加
防守球员来增加训练难度。

传接球|练习方法

双人肩上传球/双球传球（上下）

双人肩上传球 »

POINT
注意使用腰部转动来带动肩部转动

POINT
重心随传球动作前移

训练步骤

两名球员相距3~5米相向站立组成一组，用一个篮球进行训练。一名球员用单手肩上传球的方式传球，另一名球员接球后用相同的方式将球传出。传球成功一次得1分，没有接到球则扣1分。规定时间内得分最高的组为胜者。

训练变式

教练可通过改变传球距离、指定非惯用手或增加防守球员来增加训练难度。

POINT
球置于腹前位置

POINT
双手胸前传球

POINT
双手击地传球

训练步骤

两名球员相距3~5米相向站立组成一组，用两个篮球进行训练。两名球员同时传球，一名球员双手胸前传球，另一名球员双手击地传球。传球路线一上一下，接到对方传球后继续重复上述步骤。传球成功一次得1分，没有接到球则扣1分。规定时间内得分最高的组为胜者。

训练变式

教练可通过改变传球距离或增加干扰因素来增加训练难度。

知识点

此动作有助于训练球员在传球、接球的角色间快速切换的能力，有助于提升球员的反应力和传球准确度。

传接球 | 练习方法

枪传球 双球传球（左右）/机关

双球传球（左右）》

POINT
两名球员均用
同侧手持球

1 两名球员相距3~5米，均双手持球。

POINT
传球路线平行

2 两名球员同时向对方进行单手击地传球。训练一定时间后，两名球员同时换手继续练习。

 技术要点

为了避免两球相撞，两人使用相同一侧手传球，确保传球路线平行，互不干扰。

POINT
传球一个来回

先

1 三名球员一组，B、C各持一个篮球，A呈接球准备姿势，三人围成一个三角形。C传球给A，A回传球给C。

POINT
看时机传球

POINT
传球一个来回

先

2 在A回传球的一瞬间，B将球传给A。A接球后，再把球回传给B，C瞄准时机继续传球给A，开始下一轮传球。三人交换角色进行训练。待熟练后，教练可逐渐减小三人之间的距离，加快传球速度。

传接球

对墙传球比准\往返急停、

对墙传球比准 ≫

 练习目的

提高球员传球的准确性。

：不限

：15分钟

：若干篮球，有平整墙面的场地

（训练步骤）

① 在离墙3米处画一条标志线作为投球线，并在墙上画一个方框作为目标区域。

② 每名球员站在投球线后，用某种传球方法连续向目标区域传球1分钟。传到目标区域内得1分，1分钟内得分最高的球员为胜者。

☞ **训练规则**

1.传球时脚不许踩投球线。

2.传球的距离可根据实际情况调整。

3.传球方式可改变。

📢 练习目的

训练传球、转身、急停、跑动的综合运用能力。

: 单数

🕐: 15分钟

💼: 若干篮球、篮球
场或空地

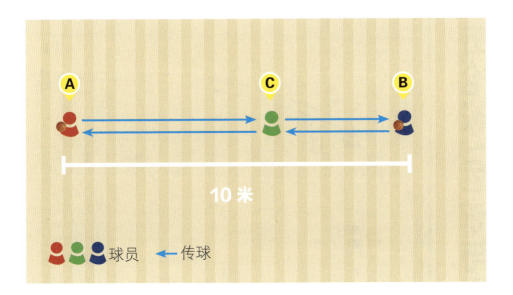

10 米

👥 球员　← 传球

训练步骤

① 3名球员A、B、C组成一组。A、B之间相距10米，各持一球相对站立，C站在两人中间距离B较近的位置。

② 练习开始后，C向A的方向跑动，A向C传球，C急停接住A传来的球后立刻将球回传给A。接着，C转身朝向B跑动，B向C传球，C再次急停接住B传来的球，然后马上回传给B。

③ C再次转身，向A的方向跑动，如此反复进行，直到练习规定的时间结束。传接球次数多的组为胜者。

👉 训练规则

1. 中间的人接和回传各一次算一次。
2. 若传接球失误，球员需从头开始练习。

夹击抢球/运球与传球接力

夹击抢球 »

 练习目的

训练球员在有防守或干扰情况下的传球能力。

 : 不限

: 15分钟

 : 若干篮球、篮球场或空地

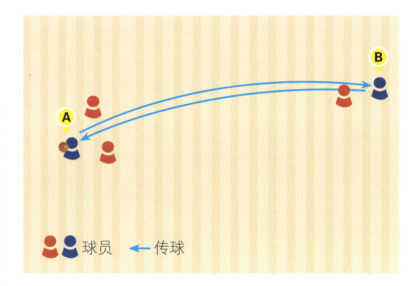

球员 ← 传球

训练步骤

① 5名球员组成一组，其中两名球员相距5~6米相向站立，剩下3名球员采取人盯人的防守方式。

② 练习开始后，防守球员对传球进行干扰，并对有球的传球球员进行夹击。成功夹击抢到球或进攻方传接球失败，则得1分。练习规定时间后互换角色，得分最高的组为胜者。

训练规则

1.传球方式不限，但球在传球球员手中不可停留超过5秒，否则防守方得1分。

2.防守方抢球时不得犯规，否则抢球无效。

运球与传球接力 »

📢 练习目的

训练球员将传接球技术与其他技术结合运用的能力。

👤	双数
🕐	15分钟
💼	篮球场

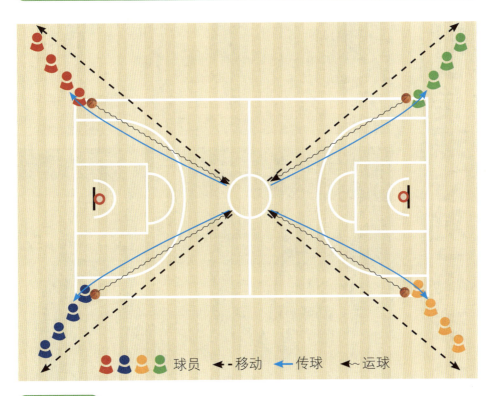

🧍🧍🧍🧍 球员　◄- - 移动　◄— 传球　◄～ 运球

训练步骤

① 将所有球员平均分为四个纵队，站立在球场的四个角落，每个队都面向中圈，各队第一名球员持有一个球。

② 练习开始后，四个队的第一名球员同时开始向中圈运球前进。一旦到达中圈，立即转身并按照规定的传球方法将球传给本队的第二名球员，然后返回到本队的队尾。

③ 第二名球员在接球后以相同的方式运球和传球，直至所有球员都完成一次，先完成的队伍为胜者。

👉 训练规则

1.只有到达中圈才能传球，且必须在中圈内完成传球。

2.接球球员必须在原地接球，不得向前跑动接球。

传接球|练习方法

2对1传球/2对1传球（轮流传球）

2对1传球 ≫

传接球球员

B

A

传接球球员

C

防守球员

B

A

C

三人为一组开展训练。防守球员A站在中间，传接球球员B和C面对面站立，两人相距4~6 米。B、C互相传球，A向B、C施压，阻挡他们传球，B、C避开防守进行传球。练习规定时间后，交换攻防角色，反复训练。

1 三人为一组开展训练，防守球员A站在中间，传接球球员B和C面对面站立，相距4~6米。

2 C传球给B，A进行防守。B接球后，C与A交换位置，A成为新的传接球球员，C跑向B，成为新的防守球员。

传接球|练习方法

2对1传球（轮流传球）

3 C对B进行防守，干扰B传球给A，B将球成功传出。

4 A接球后，B、C互换位置，B成为新的防守球员，C为传接球球员。重复以上步骤，练习规定的时间。

第 4 章

投篮

原地|技术教学

单手肩上投篮

POINT
屈肘 90 度

POINT
蹬伸

1 双手持球于胸前，身体微微前倾，膝盖弯曲，视线瞄准篮筐。

2 蹬伸的同时抬高两臂，将球举至投篮手一侧的前额上方。

技术要点

投篮时，投篮手手腕屈曲，指尖朝向篮筐施力下压，将球投出，辅助手仅扶球，不施力。

POINT
投出后，投球手有一个自然的跟随动作

3 屈腕带动手指拨球，将球投出。

其他角度

原地单手肩上投篮是最基础的投篮技术之一。

原地 | 技术教学

双手胸前投篮

双手胸前投篮 》

POINT
目视篮筐

POINT
肘关节放松，
自然下垂

POINT
重心落在双脚
之间

1 手腕微屈，双手持球，指尖朝上，篮球置于胸前。

知识点

双手胸前投篮经常被女性球员与年龄较小的球员使用，这有利于调动全身力量，适合中远距离投篮。

POINT

手腕外翻、前屈，拇指用力拨球，使球依次离开食指和中指

2 蹬伸的同时双臂向上伸直，将球举过头顶，双手用力投出篮球后，双臂仍保持上举姿势。

POINT

在篮球通过篮球网前，双臂保持上举姿势

技术要点

蹬伸、举手臂、屈腕、拨球，动作要连贯，一气呵成。

原地|练习方法

原地投篮计时比赛\不同角度、不同距离原地投篮比赛

 练习目的

提高球员原地投篮的技术和速度。

：双数	
⏱：1分钟/组	
💼 若干篮球、篮球场	

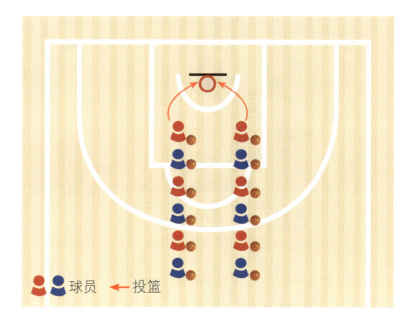

🔴🔵 球员　←— 投篮

训练步骤

① 两名球员组成一组，每人各持1个球，站在篮筐左右，成两列纵队。

② 练习开始后，两人交替使用双手胸前投篮、单手肩上投篮方式投篮1分钟。

③ 时间到后，换下一组交替投篮，投进最多的组为胜者。

👉 训练规则

一组的两名球员不能同时投篮，同时投篮的进球不算作成绩。

不同角度、不同距离原地投篮比赛 ≫

📢 练习目的

帮助球员在不同角度、不同距离的投篮中改进技术动作，提高投篮的命中率。

: 不限

: 15分钟

: 若干篮球、篮球场

4

投篮

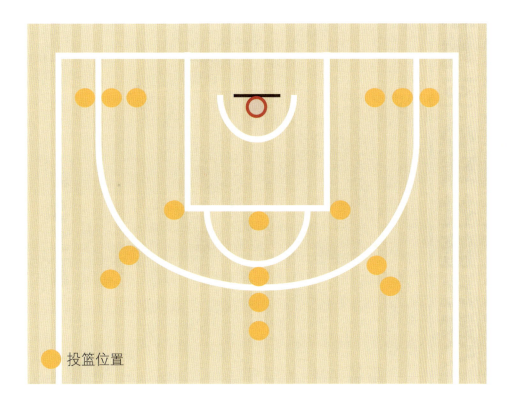

● 投篮位置

训练步骤

① 用粉笔在半场场地上分别画出投篮位置。所有球员成纵队站在场外。
② 听到比赛开始的信号后，第一名球员运球至投篮位置，可任选一种投篮方式进行投篮，投中计1分。然后运球至下个投篮位置投篮。15分钟内，需要在16个投篮位置完成投篮，总分最高的球员获胜。

训练变式

可规定投篮方式来训练球员特定的投篮技术。

109

原地|练习方法

奔跑后原地投篮比赛

原地空心球投篮比赛/

 练习目的

增强球员的投球手感，提高投篮的准确性。

：双数
⏱：15分钟
💼：若干篮球、篮球场

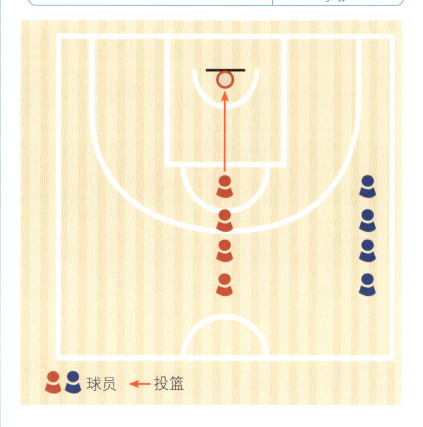

🔴🔵 球员　← 投篮

训练步骤

① 把全队分为人数相等的两组，一组成纵队站在罚球线后准备投篮，另一组在一旁准备。

② 听到比赛开始的信号后，第一名球员开始投篮，空心入篮计3分，碰到篮筐直接入篮计2分，碰到篮筐两次入篮计1分，碰板后直接入篮计1分。每名球员投3次，计分后换下一位，直到整组球员完成投篮，总分最高的一组获胜。

奔跑后原地投篮比赛 »

 练习目的

训练球员在剧烈运动后保持投篮准确性的能力。

👤 :	不限
🕐 :	15分钟
💼 :	若干篮球、篮球场

🔺 球员　←投篮　◀--移动

训练步骤

① 球员以个人为单位参加练习。

② 在半场的三分线外放置一个篮球，球员站在中线旁准备。

③ 球员从中线边缘开始绕着篮球场奔跑一周后迅速跑到三分线外拿起篮球进行双手胸前投篮，投进计1分。每名球员投5次，计分后换下一位，直到所有球员完成投篮。

知识点

刚刚跑完步之后，心率是比较快的，这个练习考验的就是剧烈运动过后，原地投篮依然稳定发挥的能力。

原地|练习方法

弱手一侧接球后原地投篮 / 强手一侧接球后原地投篮

1 两人面对面站立。本案例中球员A右手为强手，球员B持球。

POINT
强手接球

2 球员B采用双手胸前传球的方式进行传球。球员A双手放松，强手前伸，准备接球。

3 强手接球后马上原地使用双手胸前投篮或单手肩上投篮的方式投篮。然后互换角色，A传球、B强手接球投篮，反复练习。

4

1 两人面对面站立。本案例中球员A左手为弱手，球员B持球。

2 球员B采用双手胸前传球的方式进行传球。球员A双手放松，弱手前伸准备接球。

POINT
弱手接球

训练步骤

弱手接球后马上原地使用双手胸前投篮或单手肩上投篮的方式投篮。然后互换角色，A传球、B弱手接球投篮，反复练习。

知识点

如果弱手接球时的姿势不是常用手势，可以后撤一步，稍微调整后再进行投篮，要以成功得分为目的。

行进间|技术教学

单手肩上投篮

Point
双手持球

Point
右脚向前迈步

1 在行进运球后，左脚向投篮方向迈出一大步，双手接球。

2 右脚向前迈出第二步。

技术要点

跨步接球起跳、腾空托球投篮、双脚落地缓冲动作应协调连贯、快速突然。注意，不要在篮筐下方起跳。

POINT

手腕和手指动作同原
地的单手肩上投篮

POINT

左腿尽量向
上抬起

3 右脚蹬地起跳离开地面，左腿屈膝上抬腾空，同时单手/双手向
前上方托球，投篮后双脚落地缓冲。

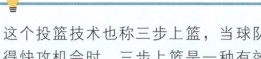

知识点

这个投篮技术也称三步上篮，当球队快速推进到前场并获
得快攻机会时，三步上篮是一种有效的得分方式。当球员
具有弹跳优势或者对手篮下防守力量薄弱时，可以考虑使
用三步上篮。

行进间|技术教学

勾手投篮

勾手投篮 》

POINT
右脚向前
迈步

1 双手将篮球置于身体
右侧。

2 右脚向前迈步，
重心前移。

技术要点

勾手投篮时，要尽量跳高，上身自然旋转。注意
落地后身体不要前倾，保持良好的身体姿势。

POINT
将球转移
至体前

POINT
勾手腕

POINT
左脚向前迈步

3 左脚向前迈步。

4 单手将球从耳侧高举，同时对侧脚起跳，在最高处勾手腕将球投出。

知识点

行进间勾手投篮是赛场上常用的投篮技术，有助于球员利用较高的出手点突破对方球员的近距离防守。

行进间|练习方法

上篮连中比赛/换球上篮比赛

上篮连中比赛 »

练习目的

提高球员快速运球的能力和上篮的命中率。

：双数

：不限

：若干篮球、篮球场

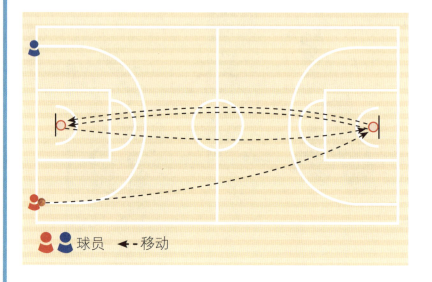

球员 ←移动

训练步骤

① 两名球员组成一组，站在一侧篮筐左右，每组一个篮球。

② 练习开始后，一名球员率先运球上场，在两个篮筐之间快速行进运球上篮，一共两个来回，上篮4次。然后回到原点，换本组另一名球员以同样的方式上篮。投进1球得1分，直至所有球员都完成一次，得分最高且用时最短的组为胜者。

训练规则

1.必须使用三步上篮方式。

2.若出现走步等违规情况，则投中的球不得分，且浪费一次投篮机会。

练习目的

提高球员快速运球的能力和上篮技术。

👤:	双数
🕐:	不限
💼	若干篮球、篮球场

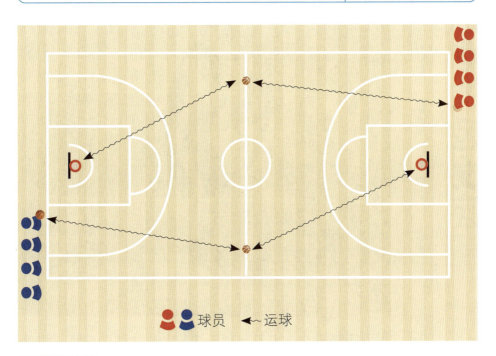

👥球员 ◄~~运球

训练步骤

① 将所有球员平均分为两队，分别站在两条端线后方，两队第一名球员持一个篮球，中线两侧各放置一个篮球。

② 练习开始后，两队第一名球员运球前往各自的前场。当到达中线时，球员将手中的篮球与地面上放置的球进行交换，然后继续运球前往篮筐下上篮（三步上篮或勾手上篮均可）。无论投中与否，球员都要按照原路线将球带回中线，再次进行一次球的交换。然后，球员运球返回起点，将球交给本队的第二名球员。依次类推，直至所有球员都完成一次，先完成的队伍为胜者。

👉 训练规则

1.若第一次上篮不中，则需要返回中线后重新上篮一次，直至投中为止。

2.运球返回将球交给下一名球员时，必须用手递球的方式，不得提前传球。

跳起|技术教学

原地跳起投篮

1 两脚开立，双手持球于胸前，身体微微前倾，膝盖弯曲，视线瞄准篮筐。

知识点

该投篮技术与原地单手肩上投篮的要点基本相同，只是增加了起跳动作，投篮在空中完成。跳投是最常用的投篮方式之一，在不同距离、不同角度下都可以使用，且得分率较高。

2 双腿突然用力蹬伸跳起，同时双手迅速向上摆臂将球举过头顶，在最高处时，左手离球，右臂向前上方伸展，迅速发力屈腕，手指拨球投出。

跳起|技术教学

急停跳起投篮

POINT
重心落在两脚
之间

1 两脚开立，双手持球于身前，身体微微前倾，膝盖
弯曲。

POINT
运球次数不要超过
两次

2 向前运球1~2次，注意重心不要上下起伏。

POINT
右手用食指和中指拨球，屈腕要突然快速

POINT
左手离球

3 运球后双腿突然用力蹬伸跳起，同时双手迅速向上摆臂将球举过头顶，在最高处时，左手离球，右臂向前上方伸展，迅速发力屈腕，手指拨球投出。

跳起 | 技术教学

转身跳起投篮

转身跳起投篮 》》

POINT
身体面向篮筐，
跳起投篮

1 球员A将篮球置于体前，球员B进行防守。

2 球员A双手持球，以左脚为轴向右后方转体。

POINT
以左脚为轴向右后方转体

3 转体后，球员A面向篮筐迅速跳起投篮。

 技术要点

转身后保持身体平衡，快速起跳并准确瞄准篮筐是投篮成功的关键。球员需要通过不断练习，逐渐提高转身跳起投篮的命中率。

跳起 | 练习方法

折回跑跳投/运球急停跳投

折回跑跳投 》

练习目的

训练球员快速跑动、急停、转身、原地跳投的综合运用能力。

 : 双数

: 不限

 若干篮球、篮球场

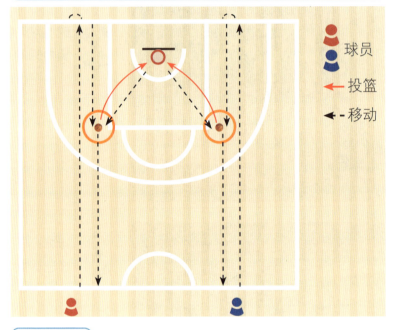

 球员

球员

← 投篮

←- 移动

训练步骤

① 将所有球员分为人数相同的两组，两组成员均不持球，成纵队站立在中线后。在罚球线前方两侧各画一个直径为1米的圆圈，圆圈中间各放置一个篮球。

② 练习开始后，每组第一名球员快速跑向前方的端线处，急停触摸端线后转身再快速冲向圆圈，拿起圆圈中的篮球原地跳投，投中得1分。无论投中与否，都要抢篮板球并把球运回圆圈。然后快速跑回原点与下一名球员击掌，下一名球员以相同的方式进行。规定时间内得分最高的组为胜者。

☞ 训练规则

1.必须手摸到端线，否则需要重新返回端线。

2.必须将球放回圆圈内，若滚出来，球员需要重新跑回圆圈处把球放好。

3.可根据球员水平调整跳投距离。

练习目的

训练球员快速运球、急停、跳投的综合运用能力。

:	双数
:	15分钟
:	若干篮球、篮球场

投篮

4

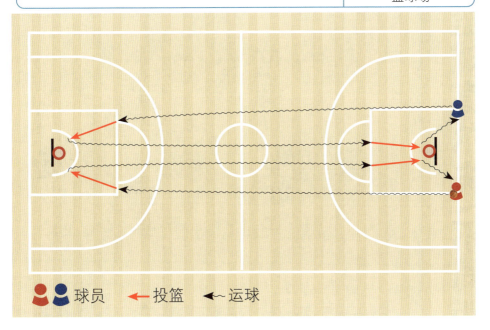

球员 ← 投篮 ↞ 运球

训练步骤

① 将所有球员分为人数相同的两组，两组第一名球员持球，成纵队站在限制区与端线的交叉点处。

② 练习开始后，第一名球员快速运球至对面的罚球线，急停跳起投篮，抢篮板球后运球快速返回至原点侧的罚球线，同样做急停跳起投篮，抢篮板球后运球返回原点，将球交至下一名球员手中，依次进行，直至所有球员都完成一次。规定时间内投中次数多的组为胜者。

☞ 训练规则

1.若跳投不中，不得重新投篮，继续练习。

2.可根据球员水平调整跳投距离。

跳起|练习方法

篮球高尔夫/不同距离跳投

📢 **练习目的**

综合训练球员的各种投篮技术。

👤	：不限
🕐	：15分钟
💼	若干篮球、篮球场

1号篮	2号篮	3号篮	4号篮	5号篮	6号篮
得分：	得分：	得分：	得分：	得分：	得分：
总得分：					

训练步骤

① 依照高尔夫球场的模式放置6个篮筐，每个篮筐下有对应的投篮要求，根据要求设置一个投篮点，投中一次得1分。

② 练习开始后，每名球员按照要求投篮，并记录自己在每个投篮点的得分。根据自身情况进行分析，争取在下一次练习中取得更好的成绩。

练习目的

让球员练习不同距离的跳投，提高其跳投的准确率。

:	双数
⏱ :	不限
💼 :	若干篮球、篮球场

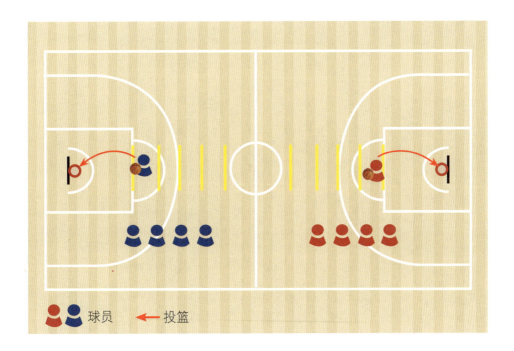

👥 球员　←— 投篮

训练步骤

① 将所有球员分为人数相同的两组，成纵队站在两个篮筐的一侧。从罚球线起，每隔相同的距离就画一条起跳线，一直到中线。

② 练习开始后，各组第一名球员站在距离篮筐最近的起跳线进行跳投，无论投中与否，都要换至更远的起跳线跳投。投中得1分，然后换下一名球员以相同的方式进行，直至所有球员都完成一次。得分最高的组为胜者。

 训练规则

可根据球员水平调整跳投距离。

第 **5** 章

运球

原地|技术教学

高运球/低运球

高运球 »

POINT
目视前方

POINT
重心落于双脚之间

POINT
向下拍球

1 双脚分开，膝盖微微弯曲，双手持球置于身体右侧，大约位于腰部位置。

2 右手用手腕和手指的力量向下反复运球。

技术要点

运球时双眼不要看着球，重心下移，一只手拍球，另一只手护球。

低运球 »

5

运球

POINT
身体前倾

POINT
目视前方

POINT
加大屈膝程度，进一步降低身体重心

1 双脚分开，膝盖弯曲，双手持球置于身体右侧，大约位于大腿中间位置。

2 右手用手腕和手指的力量向下反复运球，拍球应短促有力。

技术要点

球反弹的高度在膝关节以下的运球叫低运球。当受到对手紧逼或接近防守球员时，常采用这种运球方法保护球和摆脱防守。

原地|技术教学

背后交替运球

POINT
左手接住从地上弹起的篮球

POINT
目视前方

POINT
重心落在双脚之间

POINT
将球向两脚中间拨打

1 双脚分开，膝盖弯曲，双手持球置于身体右侧，大约位于腰部位置。

2 右手持球，经身后向左侧运球，左手接住从身后经过的篮球。

知识点

背后交替运球常用于防守球员阻挡推进路线时，进攻球员进行突破的情况。此外，通过将球传递到背后，球员可以创造传球机会，实现出其不意地传球。

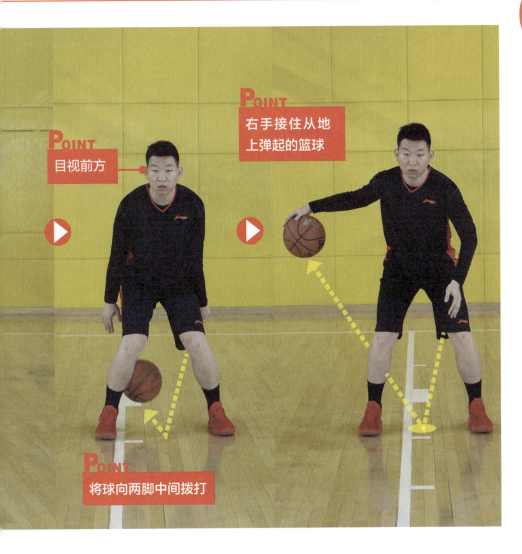

POINT
目视前方

POINT
右手接住从地
上弹起的篮球

POINT
将球向两脚中间拨打

3 左手将球经身后向右侧
运球。

4 右手接住从身后经过的
篮球。

 技术要点

手腕的动作是关键，球员需要通过反复练习来掌握手腕的力度和
角度，确保球在背后能够顺利通过。

第5章
运球

原地|技术教学

身前身后交替运球

身前身后交替运球 》

POINT
右手在背后将球
向两脚中间拨打

POINT
重心落在双脚
之间

1 双脚分开，膝盖弯曲，双手持球置于身体右侧，大约位于腰部位置。

2 右手持球，经身后向左侧运球。

知识点

身前身后交替运球是先将篮球从一侧经身后运至另一侧，接球后，再经身前运回另一侧的练习方式。运球时，注意动作的连贯性。

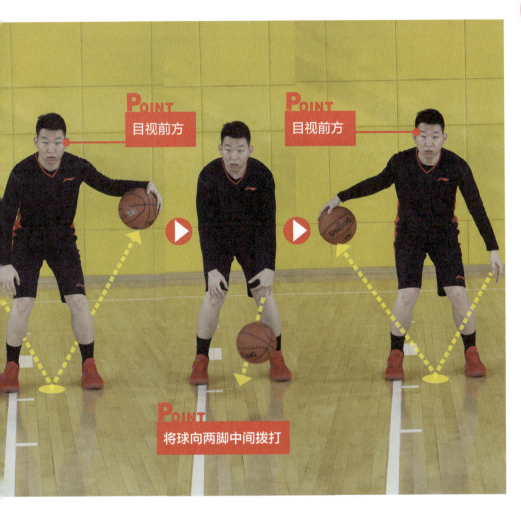

POINT
目视前方

POINT
目视前方

POINT
将球向两脚中间拨打

3 左手接住从身后经
过的篮球。

4 左手经体前向右侧
运球。

5 右手接住从
体前经过的
篮球。

技术要点

与背后交替运球一样，手腕的动作是关键，球员需要通过反复练
习来掌握手腕的力度和角度，确保球在身前身后能够顺利通过。

137

原地|练习方法

指尖运球／一点运球

指尖运球 》

POINT
掌心不触碰球

POINT
重心落在双脚之间

1 双脚分开，膝盖弯曲，双手持球置于身体右侧，大约位于腰部位置。

2 保持背部挺直，用右手五指的指尖向下运球。

知识点

指尖运球是五指张开，像手指抓住篮球一样用五根手指的指尖运球。

一点运球 »

1 右手持球，将篮球置于身体右侧。

2 右手从前向后经过胯下运球，左手准备接球。

3 左手接球后，向前运到身体左侧。

4 左手将篮球从前向后经过胯下运球，右手准备接球。

 技术要点

在进行一点运球时要尽量提高运球速度，缩短手与篮球接触的时间，整个动作应连贯。

原地|练习方法

双手运球（左右同时）

高运球抢球/低高运球转换/

高运球抢球 »

🔊 **练习目的**

让球员体会高运球和低运球的区别，提高基本的运球技术。

👤 ：双数

🕐 ：15分钟

💼 ：若干篮球、篮球场

训练步骤

① 将所有球员分为人数相同的A、B两组，相向站立，A组球员各手持一个球。

② 练习开始后，A组球员高运球，B组球员设法抢断，直至A组所有球员的球都被抢断为止。然后两组交换角色，用时最短的组为胜者。

☞ **训练规则**

B组球员可采取人盯人，也可以采用多人夹击策略，但不能犯规。犯规抢断不算。

低高运球转换 »

训练步骤

所有球员各持1个球，听教练口令进行原地的低高运球的快速转换。吹一次口哨为低运球，吹两次口哨为高运球。要求转换要迅速，运球不能断。

双手运球（左右同时）≫

POINT
重心下移

知识点

💡 此练习有助于培养球员左右手都能熟练运球的感觉，以及培养不看球也能精准把握球的走向的能力。

5

运球

1 双手各持一个篮球。

2 双手同时向下运球。

POINT
全程不要低头

🏀 **技术要点**

双手运球时经常会出现惯用手运球过高的情况，这时另一只手需要加大力度，使两手用力基本相同。

3 接球，保持重心处于低位。

4 再次向下运球。

原地|练习方法

双手运球（左右交替）、双手运球（交叉运球）

双手运球（左右交替） »

POINT
球交替落下

1 双手各持一个篮球。

2 左手向下运球。

3 左手接球后右手运球。

4 左右两侧继续交替运球。

知识点

此练习是上一个练习的变式，左右手交替运球时，应注意两球弹起的高度要大致相同。

1 双手各持一个篮球。

2 双手同时向中间运球。

POINT
球在落点交换

3 两球在落球点位置交叉互换。

4 双手接住交换位置的篮球，继续反复练习。

技术要点

两球的击地点要适当错开，以免两球相撞。另外，注意让球尽量贴近自己的身体。

143

原地|练习方法

双手运球（前后侧拉运球）/运球击掌

双手运球（前后侧拉运球）≫

POINT
向身体后方运球

1 双手各持一个篮球。

2 向下翻腕，准备向后运球。

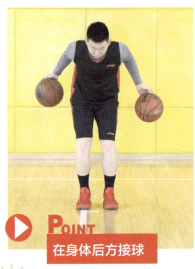

POINT
在身体后方接球

3 双臂屈肘，在身体后方接球，然后双手再同时向前运球。

知识点

此练习是双手由身前向身后再向身前进行运球，反复练习可以使手更加灵活地运球。

POINT
距离以伸手后双
方可以击掌为宜

1 两名球员右手持球，面对面站立，距离以伸手后双方可以击掌为宜，准备运球。

2 运球两次后，伸左手击掌一次。练习一定时间后交换双手，反复训练。

运球急停急起

运球急停急起 》

POINT
不要低头看球

1 右手持球在身体右侧运球。

2 双脚蹬地，上身前倾，迅速向前运球。

POINT
急停时拍球点在球的前侧上方

POINT
右手接住从地上弹起的篮球

3 突然停下，降低重心运球。

4 再次急起。

5~6 带球迅速向前推进。

 技术要点

急停时要稳，急起时要快，且应目视前方，不要低头看球。注意，急停和急起时运球手拍球的位置有所不同。

 知识点

运球急停急起通过改变运球速度来突破对方的防守，是一种非常基础且重要的运球技巧。

第5章
运球

行进间|技术教学

体前变向运球

体前变向运球 »

POINT
右手向下运球

1 双脚分开，右手持球置于身体右侧。

2 右脚启动，同时右手开始运球。

POINT
右手传球给左手，左腿呈弓步

5 身体左倾，换左手持球。

6 快速运球。

3 假意向右侧做突破。

4 突然降低重心，在体前向左侧运球，动作要迅速。

 技术要点

变向时注意压低重心，运球高度不宜过高，需要将球压低，脚向相反方向蹬地以实现快速转向。

 知识点

体前变向运球是让球在身体前方左右移动、快速变动的技术，常用于过人或变换方向。

行进间|技术教学

运球转身

运球转身 >>

1 双手持球，置于身体右侧。

2 右手开始运球。

POINT
右手向下运球

3 右脚向前迈步，运球前进。

4 左脚向前迈步后停止前进。

5 ~ 6

POINT 以左脚为轴，向右后方转体

以左脚为轴，向右后方转体，篮球随着转体向身体后方移动。

7 ~ 8

POINT 继续向右后方转体

POINT 将篮球运至左手

转体后向下运球，将篮球运至左手，然后加速运球，向目标区域快速推进。

技术要点

在转身时以中枢脚为轴旋转，旋转半径小且速度快，蹬、转、运球一气呵成。

151

行进间|技术教学

背后运球

背后运球 »

1 双手持球，置于身体右侧。

2 左脚向前迈步，右手拍球。

3 右脚向前迈步，运球前进。

技术要点

背后运球是一种常用的运球技巧，在运球的过程中要保持低重心运球，运球点位于膝盖外侧。始终目视前方，运球要果断，迅速。用非运球手护球。

POINT
将球向两脚间拍击

4 急停，篮球从背后运至身体左侧。

5 ~ 6 再将篮球运至身体右侧。

POINT
保持低重心

POINT
左手向下运球

7 ~ 8 左手接球后加速启动，向目标区域推进。

知识点

在运球的过程中要保持低重心运球，始终目视前方，手脚动作协调。

行进间|练习方法

从控制性运球变成快速推进运球

1 双手持球，置于身体右侧。

2 右脚向前迈步，右手拍球。

POINT

到达限制区附近后，准备加速推进运球

4 运球至限制区附近停下，准备加速推进运球。

POINT
运球前进时，不要低头

3 继续向前运球，将球控制在自己身体一侧。

POINT
将球推向身体前方，快速跑动

5 加大步伐和落球点与身体的距离，快速推进。

知识点

无论是从控制性运球变成快速推进运球，还是从快速推进运球变成控制性运球，练习的目的都是锻炼球员运球变速的能力。球场上，球员经常需要通过改变方向和速度来摆脱防守、快攻，或者获得有利于投篮、传球的位置。因此，掌握变向和变速能力十分重要。

技术要点

快速推进运球时注意保护球，不要被对方抢断。

行进间|练习方法

折回运球/圆圈捉人

折回运球 »

 练习目的

提高球员行进间运球的技术和速度。

👤 :	双数
🕐 :	15分钟
💼 :	若干篮球、篮球场

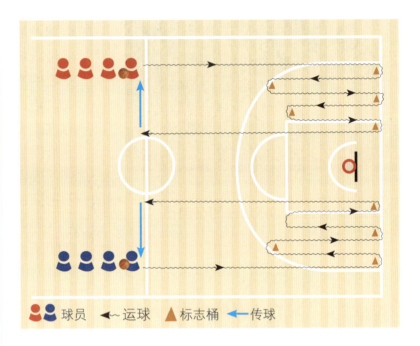

🔴🔵 球员　◀～运球　🔺 标志桶　◀━ 传球

训练步骤

① 将所有球员平均分为两队，分别站在中线后方成纵队，两队第一名球员持一个篮球，以标志桶为折返标记。

② 练习开始后，每队第一名球员快速运球前往正前方距离最远的标志桶，然后转身折返，依次通过所有标志桶后直线运球至中线，然后传球交给第二名球员。第二名球员以相同方式进行，直到每队所有球员完成一次。先完成的队为胜者。

👉 训练规则

必须依次绕过每一个标志桶，而且转身折回时不能触碰标志桶，否则需要运球至原点重新开始。

圆圈捉人 》

同时向左运球

1 球员A与球员B双手持球于中圈，相对站立。

2 球员A与球员B沿着中圈向左侧运球。

POINT
A 突然变换方向

3 球员A忽然转变方向，追赶球员B，球员B随即转身向另一方向运球。

4 球员A继续运球前进，追上前面的球员B。

知识点

圆圈捉人是两名球员沿着中圈，边运球边做追逐的练习。运球时逐渐加速，追上对方则获得胜利。

行进间 | 练习方法

运球急停急起/运球追逐

运球急停急起 ≫

 练习目的

提高球员运球急停、急起的技术，以及快速反应能力。

	：不限
	：15分钟
	：若干篮球、篮球场

训练步骤

将所有球员分为两队，成纵队站立。每人持一个球，根据教练的信号（例如口令、口哨或手势），练习运球急停和急起技术。注意不要丢球，反应要快。

运球追逐 ≫

 练习目的

提高球员行进间运球技术，发展手、脚、眼的协调能力和随机应变的能力。

	：双数
	：5分钟
	：若干篮球、篮球场

训练步骤

① 球员两人一组，其中一人持球，另一人为追逐者，不限制活动区域，可以在全场随意跑动。

② 练习开始后，追逐者追赶持球人，持球人运球躲避，追逐者拍击到对方后背为成功，得1分，然后双方互换角色。规定时间内得分高的一方获胜。

👉 训练规则

1. 注意不要发生碰撞，若球员人数多，可以分几组轮流进行训练。

2. 追逐者与持球人发生身体碰撞不得分，只有拍击到对方后背才能得分。

第**6**章

个人突破技术

有防守快速运球

POINT
降低重心，身体前倾

POINT
大跨步前进

POINT
根据步伐大小调整运球速度

1 在有防守的情况下，持球球员应身体前倾，大跨步快速奔跑前进，同时运球手向前运球。

2 运球速度与球员跑动速度需匹配，以防被抢断。进攻球员尽可能加快运球速度，加大与防守球员的距离。

 技术要点

运球时运球手接触球的后上方，促使篮球向前运动。身体前倾，降低身体重心，这样利于快速推进。

体前变向突破

POINT
左手护球

1 进攻球员右手运球，左手护球行进，防守球员在其前方拦截。

POINT
切换运球手

3 当前进至防守球员身前，但有一定空间时，进攻球员进行体前变向，右手朝两腿间运球击地，球反弹向左侧，左手接球，然后切换成左手运球。

POINT
与防守球员保持一定距离

2 进攻球员降低身体重心运球，与防守球员距离逐渐拉近，准备变向。

POINT
身体重心随脚步变化

POINT
转变进攻方向时步幅加大

4 进攻球员从防守球员一侧越过，转变进攻方向，快速运球前进，右手护球，摆脱防守。

胯下运球突破

胯下运球突破 »

1 进攻球员持球前进，防守球员在运球路线上展开拦截。

2 当距离防守球员较近时，进攻球员准备使用胯下运球来摆脱防守。

POINT
可多次运球寻找突破时机

5 另一侧手接过篮球，成功切换运球手。

POINT
目视前方

3 降低身体重心，注意护球。

4 俯身，将球快速从胯下运过，注意眼睛不要看球。

POINT
快速起身，转变进攻方向

6 快速起身，用远离防守的手运球，非运球手在身体一侧护球，转变进攻方向，快速跑动，摆脱防守。

背后运球突破

背后运球突破 >>

1 进攻球员持球前进，防守球员在运球路线上展开拦截。

2 当两人距离较近时，进攻球员准备使用背后运球来摆脱防守，注意护球。

POINT
快速起身，转变进攻方向

5 快速起身，转变进攻方向，摆脱防守，非运球手于体侧护球，阻止防守球员抢断。

3 降低身体重心，将球从背后运至另一侧。

4 另一侧手从背后接过球。

知识点

持球球员在进攻过程中，时常会遇到被贴身防守，难以突破的情况。此运球方式以身体为屏障，切换运球方向，可有效阻挡防守球员抢断，成功摆脱防守。

 技术要点

背后运球是掌握此突破技术的基础和关键，因此，球员加强对基础技术的训练才能在球场上有更好的表现。

转身运球突破

1 进攻球员持球前进，防守球员在运球路线上展开拦截。

2 当两人相距较近时，进攻球员准备进行转身运球。

POINT
屈膝，降低重心，保持身体稳定

5 篮球快击地时，几乎背对防守球员，非运球手外展，阻止防守球员靠近。

POINT 非运球手护球

POINT 快速转身

3 降低身体重心，继续运球，以前脚为中枢脚，身体迅速转身，同时运球移动。

4 手腕内扣，将球控制在身体附近，球不脱手，防止被防守球员抢断。

POINT 变换运球手

6 篮球击地时，转身基本完成。篮球回弹时，快速换手运球，继续转身至新方向，使运球手远离防守球员，快速向前推进突破防守。

连续运球突破

连续运球突破 >>

 练习目的

巩固之前学习的各种运球突破技术，提高球员在快速运球中的控球能力。

：	双数
：	15分钟
：	2个篮球、篮球场

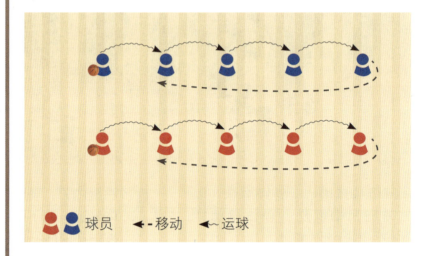

 球员 ◄- 移动 ← 运球

训练步骤

① 将所有球员平均分为两列纵队，每两名球员的间距保持1.5米左右，队尾球员持一个球。

② 练习开始后，队尾球员马上向前运球，每经过一名队友就做一次运球突破动作（例如体前变向突破、胯下运球突破、背后运球突破、转身运球突破），直至把球运到队首。然后快速运球回队尾，将球交给倒数第二名球员，依次进行，直至所有球员都完成一次。用时最短的队伍为胜者。

☞ 训练规则

必须做出完整的运球突破动作，若运球丢球则需要重做。

第 **7** 章

抢篮板球

第7章
抢篮板球

抢篮板球|基础知识

抢篮板球的基础知识

篮板球概述

　　抢篮板球最重要的就是具备抢球意识。一般来说，防守篮板更优的球队，通常能控制整个比赛，这是影响比赛胜负的重要因素。当对方投篮不中时，防守篮板球能减少对手的得分机会，也能为球队增加得分机会。

抢篮板球的要点

⊛ 预测球的落点

观察篮筐、篮板，经过训练来确定球反弹的力度大小。篮球未被投进篮筐，会经篮筐反弹落在投篮位置的对侧：若在中等距离投篮，则落点在篮筐周围3.5米以内；若在三分线投篮，落点则在3.5米外。投篮的高度越高，速度越快，落点离篮筐越近。

⊛ 重视阻拦防守

抢篮板球的要点，其实就是在球下落时比对手更靠近篮球，从而抢占先机。故在抢篮板球中，球员要学会提前卡位，站在对手内侧，用手臂、肩部、背部、腰部、臀部紧贴对方球员，利用身体力量阻止对方向篮下移动。

⊛ 加强快速移动与弹跳能力

无论是争抢进攻篮板球还是争抢防守篮板球，球员都需要具备快速移动的能力。作为进攻球员，需要在防守方附近快速移动，进行传球，待队友投篮后准备接球；而作为防守球员，需要通过快速移动来阻止对手投篮，并伺机抢断。抢篮板球时，快速且质量较高的起跳能产生很大优势。因此，球员具备连续起跳的能力至关重要。

172

进攻篮板球

　　抢进攻篮板球的关键是快速移动。每次投篮后，球员都需要做上前抢篮板球的准备。球员要用坚定快速的步伐越过防守球员并跳起抢篮板球，而且要养成双手抢球的习惯。当双手无法同时抢篮板球时，可以使用一只手向篮筐不停拨球，或辅助队友抢球。注意抢进攻篮板球时一定不要停止移动，否则会被对手封住路线，切勿原地停留。

防守篮板球

🏀 防守篮板球的策略

相对于抢进攻篮板球的球员，防守篮板球的球员往往具有更大的优势，一般情况下，他们距离篮筐更近，球员也更多。封堵策略是防守篮板球常用的战术，其顺序是防守球员以后背抵抗对手的前胸，先使对手无法前进抢球，然后再去抢篮板球。另一种较少使用的战术是确定球路后抢球，其具体操作方式是防守球员直接到对手抢球的路线上抢篮板球。这种方法适用于速度和弹跳能力都优于对手的球员，若无明显优势，不建议采用。

🏀 防守篮板球的封堵策略

防守篮板球封堵策略的核心在于通过身体对抗与空间控制阻断对手冲抢。当进攻球员投篮出手时，防守球员需立即锁定对位者，在转身建立卡位的同时完成三重准备：背部感知对手位置形成屏障；双脚呈肩宽1.5倍，屈膝沉髋降低重心；双臂呈V形展开，封锁两侧空间。防守球员在对抗过程中需保持动态调整，以臀部为轴，横向滑步应对绕前，通过小幅顶髋压缩对手起跳空间，始终将自己置于对手与预期落点之间的关键区域。起跳时机以球触框瞬间为佳，垂直起跳时双臂充分伸展，收板后通过中枢脚转身形成护球三角。值得注意的是，防守球员需优先保持身体接触而非盲目冲抢，邻近队员应及时补位形成双人卡位，同时注意手臂伸展方向与躯干平行以避免犯规。在首次争抢未果时快速屈膝准备二次起跳，通过持续施压构建完整的篮板保护体系。

抢篮板球

POINT

绕至对手前
方进行卡位

1 抢篮板球时，卡位非常重要，要绕至对手前卡位，侧对对手，一侧手和脚阻止对手前移，抢先占领优势。

知识点

通常情况下，如果篮球的弧度越大、速度越慢，弹筐而出时下落的距离就越近；如果篮球运行弧度越小、速度越快，弹筐而出时下落的距离就越远。

POINT
将对手控制在身后

POINT
屈膝，降低
身体重心

POINT
判断球的回
弹路线并做
出反应

2 当球投出后，此时对手也会不遗余力地抢篮板球，所以球员要持续移动，张开双腿和双手，降低重心，用身体挡住对方，确保对手在身后，但不要出现犯规行为。

3 不论是对手或队友进行投篮，球员都需提前判断篮球的运行路线和篮球砸到篮板或篮筐后弹出的角度，快速扑向篮球，全力争抢篮板球。

 技术要点

抢篮板球时，球员要善用双臂及躯干紧贴对手，始终让其位于自身的背后，使自己更靠近篮筐，这样争抢篮板球的成功率将大大提高。

抢篮板球 | 练习方法

徒手模仿/综合练习

徒手模仿 ≫

训练步骤

① 球员排成两行，根据教练的口令，分别做徒手单手抢篮板球和徒手双手抢篮板球的动作练习。

② 起跳时用力蹬地，身体充分伸展，抢篮板球时的动作干净利落，且落地时重心平稳。

综合练习 ≫

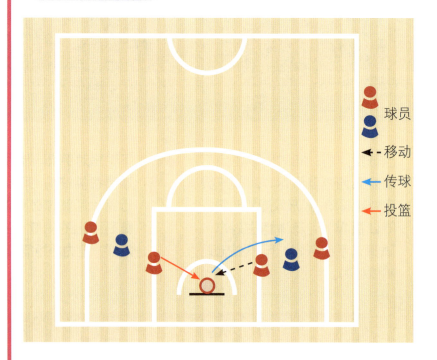

🔴 球员
🔵 球员
◀-- 移动
◀— 传球
◀— 投篮

训练步骤

两名球员一组，按上图所示位置排列。一名球员投篮，另一名球员抢篮板球，抢篮板球的球员落地后传球给下一组球员，然后两名球员回到各自队尾。如此重复进行，全部投完后互换角色继续练习。

第 **8** 章

基础进攻战术配合

基础进攻配合|战术教学

传切配合

传切配合 ≫

1 两人面对面站立。球员A持球站在限制区弧顶，球员B站在限制区一侧。

POINT
双手接球

3 球员B观察内线情况，及时将球回传给球员A。

POINT
向篮下切入

2 球员A将篮球传给球员B，朝篮下切入，跑向适合接回传球的位置，同时示意球员B传球。

4 球员A双手接球后迅速带球上篮。

掩护配合（1）

POINT
跑向队友

1 此案例为无球情况下。A为掩护球员，站在限制区弧顶，B为进攻球员，站在限制区外侧。

2 掩护球员A跑向进攻球员B，用身体遮挡对手的视线，为进攻球员B争取移动空间。进攻球员B呈接球姿势跑向罚球线，示意掩护球员A传球。

3 掩护球员A跑至篮下，示意进攻球员B传球，进攻球员B视情况选择。若有防守球员对进攻球员B进行协防，掩护球员A则可在篮下接球展开进攻。

1 此案例为有球情况下。A为掩护球员，站在限制区弧顶附近，B为进攻球员，站在限制区外侧。

2 掩护球员A跑向进攻球员B，进攻球员B向罚球线方向运球。掩护球员A用身体阻碍对手的防守路线。

3 进攻球员B顺利摆脱防守，掩护球员A跑向篮下。此时掩护球员A获得了篮下的进攻机会，示意队友传球以伺机上篮。

掩护配合（2）

POINT
防守球员

1 三人配合练习。两名进攻球员，一人持球在三分球线弧顶，一人在限制区。防守球员在持球球员前阻拦。

2 内线球员跑向前，示意持球球员传球，持球球员此时不要着急将球传出，要解读队友的意图，继续运球寻找合适的时机传球。

战术要点

传球时不能仅按预先设定路线匆忙传球，应随时观察队友的情况，确认队友在合适位置并能安全接球时再传球。

知识点

持球球员运球时，可以采用一些假动作来迷惑防守球员，趁其不备传球给掩护球员。依据现场情况，选择合适的传球方式。

POINT
看准时机传球

3 内线球员跑至防守球员一侧进行掩护，阻挡防守球员。持球球员沿三分线朝底线方向运球。

4 掩护完毕，内线球员后退至限制区内，持球球员抓住时机，顺势将球传给队友。

5 内线球员迅速接球，转身跑向篮筐，将球投出。

基础进攻配合|战术教学

策应配合/突分配合

● 进攻球员　● 防守球员　◀--移动　◀── 传球

 训练方法

进攻球员2传球给进攻球员1后，利用假动作摆脱防守，随即移到外策应位置，接进攻球员1的回传球。进攻球员1传球后摆脱防守，然后接进攻球员2的球投篮或上篮。

知识点

策应配合这一战术的重点是策应队员不仅需要通过卡位从而抢占位置安全接球，还要快速分析场上形势合理分配球权，看准时机并准确传球。

● 进攻球员

● 防守球员

◀--- 移动

◀— 传球

训练方法

进攻球员1持球从右侧突破防守球员1，遇到防守球员3补防，进攻球员1马上传球给处在有利位置的进攻球员2，由其投篮。

知识点

进攻球员持球或运球突破时要迅速，并在这一过程中随时观察场上攻守球员位置的变化，做到准确传球。其他进攻球员则要在持球队友突破的瞬间，及时摆脱防守，跑至有利位置，以便接到传来的球后投篮。

挡拆配合

1 4名球员共同训练，2名为进攻球员，2名为防守球员。防守球员分别对进攻球员进行防守。

2 持球球员在三分线周围运球并试探，队友向其靠近，准备掩护。

4 持球球员借机朝限制区方向运球，同时掩护球员内切至篮下附近，处于空位，示意队友传球。

3 掩护球员来到持球球员防守方一侧，用身体为队友阻挡防守球员跟进。

5 持球球员立即传球给掩护球员。

6 掩护球员在内线接球，并转身面向篮筐投篮。

传切配合练习

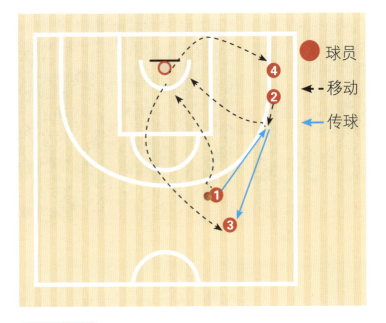

球员
移动
传球

 训练方法

① 将球员分为A、B两组，两组用一个球。

② A组的1号球员将球传给B组移动上来的2号球员，向左做切入的假动作后突然快速从右侧切入。

③ 2号球员接球后做传球给1号球员的假动作，然后把球传给A组后续跟上的3号球员，做假动作后并向篮下切入。

④ 切入篮下的球员跑到另一组排尾，按照上述步骤依次进行练习。

技术要点

做假动作时要逼真，变向切入时要快速、出其不意。切入时随时准备接球，时刻观察场上情况。

掩护配合练习\挡拆配合练习

掩护配合练习 ≫

● 进攻球员　● 防守球员　◀--移动　◀— 传球　⌐ 掩护

训练方法

① 此处介绍的是侧掩护的配合练习。侧掩护是掩护球员站在同伴的防守者侧面，用身体挡住防守者的移动路线，使同伴摆脱防守的一种配合方法。

② 此练习是在无球球员给队友做侧掩护的情况下进行的。进攻球员2传球给进攻球员1后，跑去给进攻球员3做掩护，进攻球员3摆脱防守切入篮下，接进攻球员1的传球后投篮。进攻球员1传球前要利用假动作吸引对手和调整配合的时间。注意，进攻球员2掩护后要及时转身跟进。随后顺时针换位进行练习。

技术要点

掩护和被掩护球员之间要掌握好配合的时机。

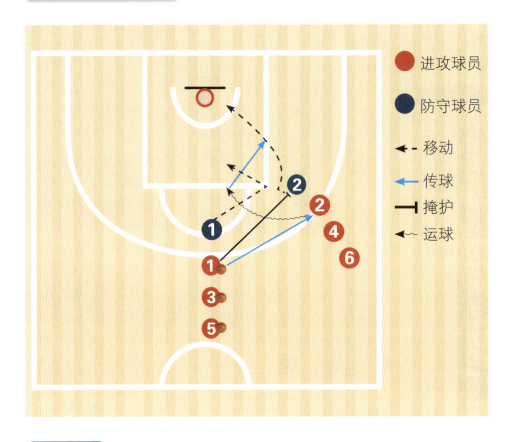

图例：
- ● 进攻球员
- ● 防守球员
- ◄-- 移动
- ◄— 传球
- ⊣ 掩护
- ◄~ 运球

 训练方法

① 球员分两队，其中一队共6名球员为进攻方持球，2名球员为防守方。

② 进攻球员1将球传给进攻球员2后，及时跑去给进攻球员2做掩护，进攻球员2抓住时机，运球向中路突破。进攻球员1及时以内侧脚为轴，紧靠防守球员2转身，将防守球员2挡在外侧，切入篮下，接进攻球员2的传球后投篮。进攻球员1得到篮板球后传给中路，没成功的两人变为防守球员，依此循环练习。

 知识点

挡拆配合就是先挡后拆，即一名进攻球员试图去阻碍其队友的防守球员的移动，从而为队友创造投篮或接球进攻的机会。

础进攻配合|练习方法

快攻配合练习/突分配合练习

快攻配合练习 ≫

🔊 练习目的

提高球队的组织能力，增加发动快攻时球队的默契程度。

 ：5人

 ：15分钟

💼 ：1个篮球、篮球场

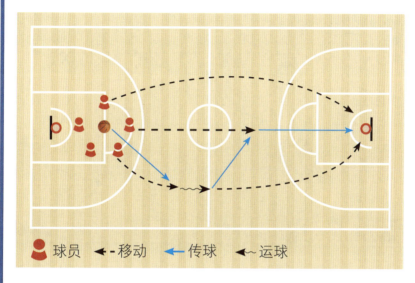

🧍 球员　←-移动　← 传球　←〜 运球

训练方法

① 将一个篮球放在罚球线中心。5人一组，围绕罚球线做准备并保持一定距离。

② 教练开始点名，点到的球员立刻拿球，和本组队员一起发动快攻，快攻路线由教练事先指定。可以采取3人推进，2人在后面跟进传球，直至将篮球投进篮筐后换第二组球员上场。快攻时间最短的组获胜。

👉 训练规则

必须按照教练事先规定的路线进行快攻。

突分配合练习 »

练习目的

提高球队在快速移动中的运球、突破、上篮、抢篮板球以及相互配合的综合能力。

👤	不限
🕐	15分钟
💼	2个篮球、篮球场

🧑‍🤝‍🧑 球员　◄- - 移动　◄━ 传球　◄〰 运球　◄━ 投篮　▲ 标志桶

训练方法

① 在罚球线延长线的两侧分别放置1个标志桶，在两个限制区附近安排固定传球球员A和B。

② 将球员分为人数相等的两队，两队分别站立于球场两边的端线后，两队排第一名的球员手持篮球，站立位置如图所示。

③ 练习开始后，两名持球球员先在原地传球给A，然后向第一个标志桶跑去，在路过标志桶时前接A的回传球，接球后做急停并顺势转身突破，将球传给前方的B后向前面的第二个标志桶跑去。

④ 在第二个标志桶前接B的回传球，随即跳步急停突破上篮，投篮后回到队尾。

⑤ 此时，顺位到第一名的球员去抢篮板球，把球传给A再传给前方的B，以同样方法和路线返回。

⑥ 第一名球员归队后由第二名球员继续，直至全队每人完成一次，先轮完的队获胜。

192

第 9 章

基础防守战术配合

关门配合/挤过配合

● 进攻球员　● 防守球员　←- 移动　← 传球　←~ 运球

关门配合是指两个防守球员互相配合防守，封堵进攻球员的前进路线。

实施关门配合时，防守球员1、2需主动拦截，处于突破球员的进攻路线上。在突破球员附近的防守球员需及时靠近队友，进行"关门"，目的是不给突破球员进攻的机会。

知识点　协防者应该错位防守，迅速抢占有利位置。当持球球员即将突破队友时，协防者要率先移动以靠近队友进行关门配合。

挤过配合是破坏对手掩护的一种方法。当掩护者靠近队友的那一刻，防守被掩护者的球员及时上前，从两名进攻球员的中间侧身穿过，继续防守自己的对手。

进攻球员1传球给进攻球员3后，跑去给进攻球员2做掩护，防守球员1发现后，及时提醒防守球员2。防守球员2在进攻球员1靠近的瞬间，迅速抢在进攻球员1之前继续防守进攻球员2。此时防守球员1跟进补防。

技术要点

挤过动作要合理，不能犯规，挤过时要侧身而过，抢步的动作要快速。防守球员要有全局意识，主动与队友交流，积极配合。

基础防守配合战术教学

穿过配合/交换配合

穿过配合 ≫

- ● 进攻球员
- ● 防守球员
- ◀-- 移动
- ◀— 传球
- ├── 掩护

穿过配合是指防守球员后撤一步，与进攻球员空出一段距离，便于队友穿过继续防守自己的对手，是一种可以有效打破掩护的配合方法。

进攻球员1向进攻球员3传球后,跑去给进攻球员2做掩护，防守球员1要提醒队友进行防守，同时与进攻球员1保持一定距离。当进攻球员1掩护到位前的瞬间，防守球员2后撤一步，从进攻球员1和防守球员1中间穿过，继续防守进攻球员2。

知识点

防守掩护者的球员需及时提醒队友并示意其主动撤步，防守球员穿过掩护者和队友时动作要快，主动调整与队友的距离。

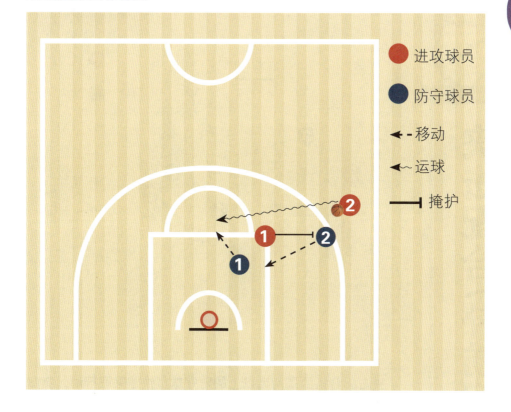

进攻球员

防守球员

移动

运球

掩护

交换配合的目的是打破进攻方的相互掩护，也可及时弥补队友的防守漏洞。防守掩护者的球员和防守被掩护者的球员需要及时交换防守。

进攻球员1准备去给进攻球员2做掩护，防守球员1要发出信号，主动提醒队友，并及时封堵进攻球员2向下突破的路线，防守球员2应随时调整，与队友交换防守对象，及时阻拦进攻球员1向篮下空切。

 技术要点

防守掩护者的球员要主动示意，表达换人防守需求。两名防守球员需抓住时机互换位置，找准站位。

基础防守配合战术教学

夹击配合/补防配合

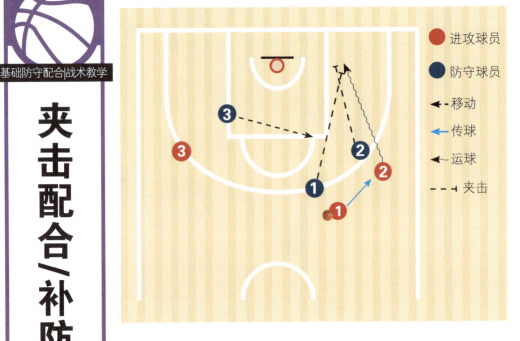

进攻球员
防守球员
移动
传球
运球
夹击

夹击配合指的是两名以上的防守球员快速采取行动，突然封堵和围夹持球球员，阻止其进攻的一种配合方法。当对手在边角或中线附近运球或运球停止时，是采取夹击的最佳时机。

进攻球员1将球传给进攻球员2，进攻球员2准备运球突破到篮筐周围，这时防守球员2看清持球球员的意图后迅速与队友进行包夹，此时防守球员1也来到篮下掩护，切断进攻球员2的传球路径。防守球员3朝有球侧移动，阻止进攻球员1接回传球，确保各方位都有防守。

知识点

防守球员要通过观察，选择正确的时机进行夹击，快速到位，要迫使对方出现传球、运球失误，制造断球机会。注意不要急于抢球，否则易造成犯规。

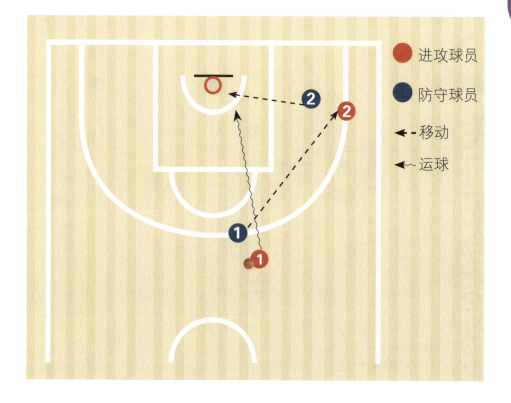

进攻球员
防守球员
◄- 移动
◄~ 运球

补防配合是一种协同防守的战术，即防守球员发现队友没及时防守住最具威胁的进攻球员，便放弃防守自己的对手，上前补防，漏防的防守球员同时换防。

当进攻球员1运球向篮下突破时，防守球员2应迅速补防，拦截进攻球员1。防守球员1应及时换防进攻球员2，防止进攻球员2示意队友传球。

技术要点

补防时球员动作要迅速，通过默契配合，预判突破球员的意图，加以阻止或断球。同时，其他防守球员应善于观察现场情况，及时调整防守位置，注意随时换防和补防。

关门配合练习/穿过配合练习

关门配合练习 >>

- ● 进攻球员
- ● 防守球员
- ◄- 移动
- ← 传球
- ◄ 运球
- ┅┅► 夹击

训练方法

① 在半场练习，进攻球员与防守球员各3名。练习开始后，进攻球员2传球给进攻球员1，进攻球员1从左侧突破。这时防守球员1和2协同关门，防守球员3调整防守位置。

② 进攻球员1将球传给进攻球员3，防守球员3随时防止进攻球员3从底线突破。进攻球员3从右侧突破，这时防守球员2和3协同关门。

③熟练后防守球员按顺时针换位继续练习，攻守交换。

知识点 💡

配合时防守球员要积极堵截突破球员的移动路线，靠近突破球员的防守球员要及时向同伴靠近以便"关门"，不给突破球员留有通过的空位。

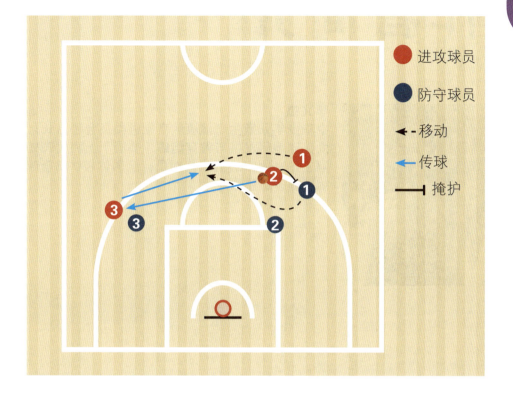

● 进攻球员
● 防守球员
◄-- 移动
◄— 传球
⊢ 掩护

训练方法

① 可以采用三对三的练习方法。

② 练习开始后，进攻球员2传球给进攻球员3后，马上跑去给进攻球员1做掩护。这时防守球员2要及时提醒防守球员1，让防守球员1在进攻球员2掩护到位的瞬间主动后撤步，从自己和进攻球员2的中间穿过，并继续防守进攻球员1。

③ 进攻球员3将球传给进攻球员1，进攻球员1接球后传给进攻球员2，然后跑去给进攻球员3做掩护。球员依次反复练习。

作者简介

李文杰
中华少年儿童生命健康教育推进委员会秘书长；太平洋地区发展与教育组织（美国）上海代表处副主任；国家级篮球裁判员；全国体校U16篮球锦标赛省级篮球冠军。

孙天石
辽宁工程技术大学体育学院教育基地青年教师；国家级篮球裁判员；辽宁男篮、清华大学篮球队等专业团体体能教练兼助理教练。